U0608319

正面管教：孩子的成长99%靠妈妈

洁 编著

民主与建设出版社
·北京·

© 民主与建设出版社，2020

图书在版编目（CIP）数据

正面管教：孩子的成长99%靠妈妈 / 宋洁编著. — 北京：民主与建设出版社，2018.3（2020.6 重印）

（人生金书）

ISBN 978-7-5139-1964-7

Ⅰ．①正… Ⅱ．①宋… Ⅲ．①家庭教育 Ⅳ．① G78

中国版本图书馆 CIP 数据核字 (2018) 第 031680 号

正面管教：孩子的成长 99% 靠妈妈
ZHENGMIAN GUANJIAO：HAIZIDE CHENGZHANG 99% KAOMAMA

出 版 人：李声笑
编 著：宋 洁
责任编辑：王 越
封面设计：施凌云
出版发行：民主与建设出版社有限责任公司
电 话：（010）59417747 59419778
社 址：北京市海淀区西三环中路 10 号望海楼 E 座 7 层
邮 编：100142
印 刷：三河市恒升印装有限公司
版 次：2018 年 9 月第 1 版
印 次：2020 年 6 月第 5 次印刷
开 本：880mm×1230mm 1/32
印 张：6
字 数：134 千字
书 号：ISBN 978-7-5139-1964-7
定 价：36.00 元

注：如有印、装质量问题，请与出版社联系。

前言

俗话说："没有种不好的庄稼，只有不会种庄稼的农夫；没有教不好的孩子，只有不会教孩子的妈妈"。教育孩子，是需要技巧的。

好妈妈首先是孩子的好朋友。在孩子的成长过程中，好妈妈要像好朋友一样陪伴孩子成长。这种陪伴，对于良好亲子关系的建立和巩固具有非常重要的作用。好妈妈也是孩子的好老师。老师被誉为人类灵魂的工程师，也是人类智慧、能力、知识的传递者。好的家庭教育就像学校的小班授课，妈妈和孩子是一对一的教学关系。孩子作为一个独立存在的个体，能够得到妈妈全部的关注。著名的教育家杜威说过："教育就是生活，生活就是教育"。好妈妈要想办法使孩子的心灵进入一个更大的世界中，培养他出色的生活实践能力和良好的道德品性。孩子终究是要长大的，要离开妈妈走向社会。作为孩子称职的老师，妈妈不仅要积极配合孩子完成书面形式的作业，还要放手让孩子参与社会实践活动。当孩子在实践活动中遇到了挫折，妈妈应给予关怀和帮助。如果妈妈们把握好在生活中对孩子的教育，当好孩子的生活老师，这将是孩子的福分和幸运。

妈妈在教育方法上的差别，常常会影响孩子的一生。正确的教育方法是一把精美的刻刀；错误的教育方法是一柄锄头，妈妈掌握着孩子这块璞玉的命运。教育方法主要有6种类型，即溺爱型、否定型、民主型、过分保护型、放任型和干涉型。其中民主型教育方法和否定型教育方法对子女的影响最大。在民主型家庭中，妈妈们是孩子的朋友，她们经常和孩子商量事情，尊重孩子的想法和意见，经常给孩子表扬和鼓励，因此，孩子的自我接纳程度较高，相应地自信心、自尊感和成就欲望较强；而生活在否定型家庭中的孩子，妈妈经常打骂、批评孩子，对孩子的责罚多于赞扬，因此，孩子的自信心相对较差，他们往往不相信自己的能力，总是甘居下游，对未来担忧，对前途充满恐惧。可见，采用正确的教育方法才能为孩子积累成功的能力和品质，从而成就美好的未来。

好妈妈是孩子的好朋友、好老师和成长道路上的引路人，妈妈在教育方法上的差别，常常能够影响孩子的一生。

这本《正面管教：孩子的成长99%靠妈妈》分别从"爱子心经——孩子，妈妈会这样爱你""育子秘诀——如何雕刻孩子这块璞玉""实用宝典——妈妈解决育子难题的妙招集锦"三方面全面系统阐释了中国主流教育思想和教育方法，涉及如何开发孩子的智力，如何让孩子喜欢上学习，如何培养孩子的良好学习习惯、品格教育、生命教育、理财教育、情商教育、挫折教育、赏识教育等教育理念，将妈妈在孩子成长过程中的重要作用一一剖析并针对具体问题提出了具体的解决方法。文字通俗易懂，事例生动活泼，具有很强的实用性和可操作性，是一本理论与实践完美结合、方法与技巧兼顾的现代家庭教育百科全书。

目录

◎中篇◎

育子秘诀——如何雕刻孩子这块璞玉

◎ **下篇** ◎

实用宝典——妈妈解决育子难题的妙招集锦

上篇

爱子心经

——孩子，妈妈会这样爱你

第一章
审视你给孩子的爱

越多的爱并不意味着对孩子越有益，通过牺牲自我来满足孩子的需要也不能说明母爱伟大，给孩子爱之前，先洞察一下自己的心理真相，也许你会发现，自己并没有那么伟大，你的爱也没有真正滋养到孩子。

放纵型溺爱，最懒惰的爱

一对夫妇中年得子，对儿子是百般疼爱，从来什么都是依着他，他要什么就给什么。儿子比较内向，平时不爱和人交往，学习成绩也是普普通通。高中毕业之后，儿子没有考上大学，父母就将他送入一所私立大学读书。就在儿子读书期间，夫妻两个人每两个星期都要到儿子的学校去看望他，生怕他有什么不适应。

大学毕业之后，父母并不鼓励儿子主动去找工作，他们对儿子说："你是大学毕业生，可以找一份好点的工作。"意思是不让儿子出去受苦受累。于是儿子也就很心安理得地在家里过了两年，但是什么工作都没有找到。后来父亲不得已帮儿子找了一份很普通的工作，儿子上班不到一个月就回来了，说是不适应，而这一回来，就在家里待了4年，这4年中不出家门一步。

看到儿子这样，做父母的十分担心，但还是一味地由着他，可是老两口一把年纪，这么下去，儿子以后怎么办呢？父亲为此渐渐变得不爱说话了，心中的压抑堆积了起来，最后得了忧郁症。父亲住院了，儿子也不去看望，而母亲不得不在照顾了丈夫之后回家又要给儿子做饭。

　　这是一个真实的故事，可以说，儿子能走到今天，都是父母放纵溺爱的结果。这样的男孩，如此自闭、冷漠、寡情、无能，几乎等于一个废人，更谈不上什么男子汉了。这是孩子的悲剧，更是父母的悲哀。

　　溺爱看起来最富有牺牲精神，但其实也是最懒惰的爱。其中最最懒惰的就是放纵型的溺爱，因为这样做的妈妈放弃了思考，而让没有什么自控能力的孩子去发号施令。对孩子来说，他小的时候也许会觉得妈妈对他很好，但当他逐渐长大，有了自己独立的思想之后，他会觉得妈妈的干涉是对他的一种禁锢，他想冲破这道禁锢，于是矛盾就不可避免地产生了。而如果他的独立意识已被磨灭的话，这对孩子就是更致命的伤害。就像上文中的儿子一样，毫无独立意识的孩子会过度依赖妈妈，对困难畏首畏尾，对生活也缺少热情。于是，懒惰的溺爱造就了懒惰的孩子，懒惰的生命。

　　所以，教育孩子，最忌讳的就是溺爱。一个在溺爱环境中长大的孩子，别指望他将来会有出息。对孩子的爱，只能放在心里，表现出来的，该狠还是要狠一点。不要放纵孩子，对他的要求全部给予满足，而要舍得让孩子吃一点苦头。以孩子为中心，一味地放纵溺爱，是不利于孩子身心健康的，对他们的成长极为有害。

一般来说，在家庭当中，妈妈放纵地溺爱孩子，最典型的表现有以下几种：

其一，对孩子给予"特殊待遇"，使孩子滋生优越感。

有很多妈妈由于孩子是家里的独生子，让孩子在家里的地位高人一等，处处都会受到特殊照顾。这样的孩子必然是"恃宠而骄"，变得自私没有同情心，不会关心他人。

其二，对孩子的各种要求"无条件满足"。

有的妈妈对孩子的各种要求总是无原则地满足，儿子要什么就给什么。有的妈妈觉得"再穷不能穷孩子"，即便自己省吃俭用，也要满足孩子的无理要求。这样长大的孩子必然养成不珍惜物品、讲究物质享受、浪费金钱和不体贴他人的坏性格，而且毫无忍耐和吃苦精神。

其三，对孩子过分保护。

有的妈妈为了孩子的"绝对安全"，不让孩子走出家门，也不许他和别的小朋友玩。更有甚者，变成了儿子的"小尾巴"，步步紧跟，含在嘴里怕化了，捧在手中怕摔了。这样养大的孩子一定会变得胆小无能，丧失自信，养成依赖心理，或者是在家里横行霸道，到外面胆小如鼠，造成严重的性格缺陷。

其四，袒护孩子所犯的错误，成为"护犊子"。

当孩子犯了错误的时候，妈妈总是视而不见，反而说："不要管太严，孩子还小呢。"有时候爷爷奶奶还会站出来说话："不要教得太急，他长大之后自然会好了。"这种环境长大的孩子全无是非观念，长大之后很容易造成性格扭曲。

为了孩子的健康成长，妈妈要给予他充分的爱，但是不可以一味地迁就孩子，这样培养出来的孩子将来会出现很多问题：缺少远大的理想、缺少是非观念、缺少良好的习惯、缺少挫折教育，等等，直接影响孩子的未来。

苏联著名教育学家马卡连柯警告说："父母对自己的子女爱得不够，子女就会感到痛苦，但是过分溺爱虽然是一种伟大的感情，却会使子女遭到毁灭。"如果妈妈无视这种警告，一意孤行地认为只要尽力满足孩子的一切需要，就能保证孩子幸福健康地成长。那么，这种教育方式势必会影响孩子在各个方面的发展，让孩子失去竞争力，甚至使孩子养成各种不良性格。

疼爱孩子是妈妈的天性，但如果疼爱得过了头，那就变成溺爱了，溺爱只会害了孩子。作为妈妈，千万不要让你懒惰的放纵型溺爱害了孩子。

"大人永远都是为了你好"是谬论

冬季的一天，寒风凛冽，气温骤降。一位母亲冒着刺骨的北风骑车数里来到一所大学校园的女生宿舍，找到正在这里上学的女儿。打开宿舍门，女儿见是母亲，感到十分惊讶，问她有什么事，母亲说给孩子送羽绒服。

女儿感到啼笑皆非，告诉妈妈自己不需要，"我这里有足够的保暖衣服。这么冷的天，我们都在宿舍里念书，不会出去的。再说，您顶着风给我送衣服，就不怕自己生病啊？"

母亲则十分恼怒，"我这不是怕你冷吗？怕你不知道多穿点儿。怎么了，我关心你难道不对吗？我这还不是为了你好吗？你怎么这个态度？"

母亲扔下衣服忿忿然地走掉了。女儿追出来叫她进屋坐一会儿，她好像没听见。

母亲感到很委屈：她觉得自己很伟大，她是如此地心疼女儿，顶着寒风送去冬衣，简直是个英雄！一路上，她都在想象女儿看见自己时会是多么感激涕零。然而女儿却让她失望了，非但不领情，反而将她送到手边的温暖拒之门外。当着女儿同学的面，她真是下不来台，不禁恼羞成怒。

女儿也感到很委屈：我已经长大了，能够自己照顾自己了，妈妈却还拿我当小孩子。这么多同学的妈妈都没有来，偏偏她来了，小题大做。她总是命令我无条件地接受她的关怀，也不看我到底需要不需要。只要提一点意见，她就责怪我，让我对她感到负疚。

这位妈妈认为自己的爱是伟大的，无论何时女儿都应该谦恭地接受，否则就是没有良心；然而，从客观的角度看，她仅仅照顾到了自己的利益，却忽视了孩子的体验。她沉浸在自己的情绪之中，却毫不顾及女儿的感受。美国家庭心理咨询师茱迪丝·布朗将这种"爱"称作对孩子实施"慈祥的虐待"。实际上，这种以"爱"的名义所产生的心理伤害，绝对不亚于暴力行为留下的重创。

茱迪丝·布朗说，"妈妈自欺欺人的通病就是，她们为孩子做的一切，无论如何满足了他们自己，却说成是为了孩子。"这种说法表面有理，其实荒谬。在这个旗号下，妈妈不仅参与孩子的所有行为，强迫孩子接受妈妈的选择，甚至指导孩子何时何地以什么样的方式表达自己：委屈了不许哭！失望了不许生气！高兴了不许叫唤！对妈妈之情要感激感动、感恩戴德⋯⋯

莱迪丝·布朗还在《都是为了你好》一书中指出，在家庭中，妈妈有着强大的需求，但是这些需求往往被高尚的托词乔装遮掩，暗中扭曲孩子的生活。"都是为了你好"就是最常用来遮掩父母内心需求的高尚托词之一。

孩子不爱吃饭，妈妈端着碗在身后追着喂："为了你的营养，为了你的身体好！"

孩子爱玩水，身上弄湿了，妈妈坚决制止："怕你感冒，为了你的健康好！"

妈妈给孩子报了钢琴班、美术班、舞蹈班、英语班，每天陪着孩子东奔西跑上课、练习、考证："为了你的将来着想，为了你的前途好！"

孩子有了自己的喜好，妈妈马上站出来制止："别看那种书！不能跟那种人交朋友！你会学坏的！这可是为了你好！"

孩子喜欢文学，妈妈却禁止他看小说："不许学文学艺，应该学理学商学医，这才是正道！都是为了你的将来好！"

孩子恋爱了，妈妈对其钟情的对象横挑鼻子竖挑眼："这个对象不行，跟他／她吹了，我们给你介绍更好的。别伤心别生气，我们都是为了你好！"

无论孩子做什么，妈妈都会参与、指挥、压制、干涉："听我的，这都是为了你好！"

每个妈妈都应该坐下来，扪心自问：我殚精竭虑呕心沥血，所做的一切，真的都是为了孩子好吗？

"都是为了你好！"凡是这样说话的妈妈，都持有一种自以为是的态度，摆出一副居高临下的架子，把自己当作孩子生活的总指挥："听我的，我知道什么是对你最有益的选择！"

当孩子反抗时，"都是为你好"意思是"我为你好才这么要求你，所以你不论喜欢还是不喜欢，都必须照办"，这里隐含了一个假设，即出发点好结果就一定好，这个假设不符合事实。另外这里还包含了一个前提：你自己不知道什么对自己好，所以要听我的。对于很小的孩子，这一点或许是事实，对比较大的孩子，是不会认同的。

当孩子置疑时，"都是为了你好"意思是"我的动机是为你好，所以你无权置疑我行为的效果，即使事实表明我错了，我也不需要道歉，而且下次你仍然应该无条件地服从我"。这个潜台词十分蛮横，如此一来，哪个孩子还敢表达自己的意见？

当什么情况也没有发生，妈妈却高频率地说这话，意思是"我整天都在为你好，我的生活目的就是为你好，所以你应该记住我的恩情，你欠我的"。这是妈妈在扮演一种"债权人"和"施予者"角色，扮演的目的是要保持对孩子的控制。

这样一句"都是为你好"，对孩子的威胁却是十分可怕的。在这句话的威胁中成长的孩子往往既不会表达愤怒，也不怎么会表达爱。经常压抑自己的愤怒和感情，习惯于以别人的标准要求自己。他们不敢和妈妈做直接的交流，因为在交流之前就已经在脑海里出现了妈妈勃然大怒的形象。

　　就是这样轻而易举地，妈妈对孩子实施了精神控制，或者说是精神奴役。常说这句话的妈妈们请好好反思一下，"都是为你好"真的是为孩子好吗？

密不透风的"爱"源于自私

　　一个访谈节目中，台湾舞后比莉讲起在培养孩子的过程，自己总是处于希望孩子快点长大，但又害怕孩子长大的矛盾状态中。比莉回忆在儿子小时候，有一次送他上学，儿子在门口对她说："妈，以后不要再送我上学了，我都上国中了，同学都没有爸妈送了！"她听了儿子的话才恍然大悟，意识到儿子已经长大了，比莉就跟主持人说："我真舍不得让他长大！"

　　相信每一个妈妈都有和比莉一样的感受，想让孩子长大，但是又舍不得他们长大。多希望孩子永远都能天真无邪，永远在我们的翼下被保护，不要离开我们的视野，让我们永远拥有他。妈妈们心里深处或多或少都会有这样的恐惧：害怕孩子长大独立，害怕孩子与妈妈分离。

　　所以，妈妈即使认识到自己对孩子这种密不透风的"爱"，会令长大了的孩子有些受不了，也会使他们变得越来越糟糕，但是妈妈就是不自觉地要对孩子过多爱护和管教。

当孩子越来越大、越来越独立、越来越渴望自己为自己做主时，妈妈就会感到极大的分离焦虑。她在内心里害怕孩子长大，于是，有些妈妈会有意无意地在阻碍孩子长大。

小豪今年已经上初中二年级了，他从小由妈妈带大，任何事情都是由妈妈全权打点，无论是削铅笔、收拾文具、洗衣服、买零食，还是选择学习内容、填报志愿，大大小小的所有事情都是妈妈为他做。小豪对此很安然自得，妈妈也做得心满意足。

然而，小豪在学校里发现其他男孩都会做很多事情，例如，自己把带来的饭盒洗干净、自己收拾自己的文具书本、自己绑鞋带，等等，而这些事他都不会做，他觉得有点不好意思，于是他想和其他同学一样，自己做自己的事。当他向妈妈提出这个要求时，妈妈当即回绝了他："傻孩子，妈妈帮你做就好了，你就不用操心了，好好学习吧。""可是其他同学都会笑话我什么都不会做啊，他们说我长不大，什么都要靠妈妈，不像个男生！""才不是呢，他们是嫉妒你，其实他们自己也不想做，所以故意说你呢！"

小豪勉强相信了，可是，他渐渐地开始对妈妈的关心和帮忙产生了反感，他总觉得自己没有其他孩子自由，于是经常对妈妈发脾气。妈妈看到孩子这样的抵触情绪，觉得孩子长大了，翅膀开始硬了，就想离开妈妈了，心里特别失落，但是，她还是不让小豪碰任何家务事，甚至是小豪自己的事，她总觉得，只要自己帮孩子做这些，孩子就会一直依赖他，就不会离开他，她宁愿让孩子懒一些，也不愿意他很快独立起来离开自己。

很多妈妈就是这样，希望通过为孩子做事，了解孩子的想法，来感觉到孩子仍然依赖着自己，来消除自己害怕孩子长大的心理。这样的爱看似是对孩子的宠爱和负责，其实是出于妈妈的自私，为的是满足妈妈的安全感。如此自私的爱，不能算是真爱。孩子长大是必然，没有一个妈妈能够把孩子绑在自己身边一辈子，即使你把他绑住了，那也是对他巨大的束缚。

孩子长大了，会渴望独立空间，渴望伸展自己的手脚，尝试自己的力量。这是一个生命成长的必然规律。妈妈们不要一厢情愿地认为孩子就是一个永远不懂事的小孩，永远不知道该怎么做事的小孩，你得时时为孩子的一切事情操心。不要像对待一个 2 岁的孩子一样去对待已经长大的孩子，这是对孩子无形的伤害。

妈妈必须要舍得孩子长大！要知道，妈妈的怀抱再温暖，也不如给他一双强健的翅膀，这样即使妈妈不在身边，他也能飞翔；妈妈的肩膀再结实，也不如给他站立的力量，这样即使妈妈老去，他也能独立行走；无论妈妈是多么智慧、多么有能力，都不如教给他智慧和能力，这样才能让他独立面对世界。

作为妈妈，必须舍得孩子长大，不能因为舍不得就牢牢地把他圈在自己爱的包围圈里，这对孩子是错误的爱，好妈妈会允许孩子心理上与自己分离。

自我"牺牲"换不来孩子辉煌的未来

我是一位63岁的农民,今天我给你们写信,是想说说我的家事。虽说家丑不可外扬,但这些事憋在心里好长时间了,最近总感到心口疼。

我儿子是一名大学生,也是我们家五代人唯一考出的大学生,这是我老两口的骄傲啊!但因为这个不争气的东西我们也伤透了心。

记得儿子刚考上大学时,我去学校送他。下了火车后,我扛着笨重的行李走在前,儿子跟在后。本来就因为坐了一夜的火车,再加上上了点年纪,刚到学校门口,就被大门前一根铁条绊倒了。我重重地摔倒在地上,行李扔出了老远,一只鞋也甩掉了。儿子向四周看了看,像怕什么似的拉住我的胳膊猛地用力拽了一下说:"干什么啊,丢不丢人!"尽管我的双腿摔得很疼,但还是得很快爬起来,捡起鞋穿上继续去背行李。把儿子安顿好后,我忙着又是挂蚊帐,又是买日用品,这一切似乎在儿子眼里都是天经地义的。

第一学期儿子一共来了3次电话,每次都是要钱。我和老伴种着3亩地,抽空我就到村里的砖厂去做工。开始人家说我老,不肯收,我几乎给人家跪下了,人家可怜我才让干的。小闺女16岁了,初中毕业后上不起学给人家当了保姆,挣的钱交给我后,我一分舍不得用,全寄给了儿子。甚至有一段时间老伴的眼睛肿得厉害,疼得一个劲儿流泪,都舍不得花钱买一瓶眼药水啊!

为了能多挣点钱，老伴又在村子里找了一份看孩子的差事。给人家抱一天孩子只挣5元钱，没日没夜的。去年冬天，儿子电话打得特别勤，每次都是要钱。我寄了4次有6000多元，我不知道现在上学就得这么多钱。后来才听村里去打工的一个小伙子回来说，他见到我儿子了，正谈着恋爱，很潇洒。说真的，我和老伴听了后不知是该气还是该高兴。然而最可气的是今年过年儿子回来时，那不争气的东西，居然偷改了学校的收费通知，虚报学费。这之前我只是在报上看到过这种事，没想到会发生在我身上。如今好几个月过去了，我一想起这事就心痛，整夜睡不着觉。我不明白，我们亲手抚养大的儿子好不容易考上大学，为什么会变成这样，不知他们在大学里除了学习文化外，还能否学到要有良心？

　　这是一篇刊登在《新华每日电讯》上面的文章。这对可怜的父母，几乎牺牲了自己的一切去讨好儿子，得到的却是这样的回报。相信看了这篇文章的妈妈们都感到痛心疾首，可怜天下父母心，怎么会养出这样一个不孝子！同时，我们也能猜到，这样一个毫无感恩之心，虚荣自私的孩子，是很难有光明的前途的。他将为自己的"小聪明"付出很大的代价。但反思一下，不难发现，恰恰是因为父母的完全"牺牲"，孩子才养成现今这种虚荣自私的品性，所以，自我"牺牲"不仅换不来孩子辉煌的未来，甚至会造成孩子品性的恶劣和前途的渺茫。

　　苏联教育家马卡连柯曾说："一切都让给孩子，为他牺牲一切，甚至牺牲自己的幸福，恰恰是送给儿童的最可怕的'礼物'。"

　　但是，家庭对绝大部分女性来说，往往意味着"牺牲"，至少要牺牲很多个人的时间和空间，去处理家庭琐事，例如，孩子不肯睡觉了，老人生病了，亲戚串门了，等等，不得不推掉很多同学聚会、健身课程和个人爱好。一个家的确需要一个凡事都操心的人，这样家里才有主心骨，才能团结在一起。但是这个主心骨就一定要什么事情都做好，抛开自己的一切吗？

有一位成功的职业女性，结婚生子后，毅然放弃自己的工作，安心在家相夫教子。但是很快问题就出来了，一方面是教育孩子没有她想的那么顺利，总是问题不断，小孩生病，读书不好，对人没有礼貌等，这一切在她的公婆看来，都是因为她教子无方；另一方面，她觉得自己离以前的那帮姐妹越来越远了，她很久不去做美容，也没有心情购物，整个人的情绪坏到了极点。

后来她去咨询心理医生，心理医生说："你需要一份工作，或者是一个爱好来疗伤。"

的确，100% 将自己牺牲在家务当中，不仅不能达到照顾家庭的理想效果，还会给自己制造伤口。如果家庭中产生不愉快，妈妈们很自然会把原因归结到自己的无能上，渐渐增加了负罪感和挫败感。而一个爱好，或者一份工作能让妈妈们重新找回自信和乐趣。

为什么说牺牲自我对家庭的好意未必见效？我们想一想，牺牲自我的妈妈们往往把孩子的事情都揽在自己身上，小到系鞋带，大到他交了怎样的朋友、将来读什么大学等，事事都要关心。这样做的结果，往往是孩子不知道妈妈为自己做了多少事情，或者就算是知道了，也觉得理所当然，少了感恩之心。长此以往，孩子不知不觉中学会了自私自利。

爱孩子并不意味着"牺牲"自己，给孩子越多爱不代表对他越好，为了孩子健康成长，为了家庭幸福美满，妈妈要学会适度从家庭孩子中抽身出来。对很多妈妈们来说，要从家庭抽身回到职业女性的角色稍嫌困难，但我们可以培养一个自己的爱好，或者养花种草，或者养养宠物等。将自己的精力和情感分散开来，这样我们的内心才能达到平衡的状态。孩子、家庭和自己，每一个都能好好兼顾过来。

畸形的母爱，成为孩子自私的源泉

苏联当代著名教育家苏霍姆林斯基曾说，"在没有明智的家庭教育的地方，父母对孩子的爱只能使孩子畸形发展。这种变态的爱有许多种，其中主要的有娇纵的爱，专横的爱，赎买式的爱。"

现在，很多妈妈"先孩子之忧而忧，后孩子之乐而乐"，她们节衣缩食，看着孩子吃好的穿好的玩得痛快，妈妈比自己享受还要陶醉。

可是这些妈妈没有意识到，她们在为孩子无条件付出的同时，也使孩子养成了自私、任性、骄横、懒惰、狭隘、霸道、缺乏责任心、缺乏爱心和同情心、不关心他人等不良品行。

一个偏远山村一个农民的宝贝女儿考上了某重点大学。这个喜讯让全村都轰动了。

贫穷老实的父母咬紧了牙关，才凑齐了近万元的学费。虽然老两口每日劳累，可是他们的内心却很欣慰，毕竟一切等女儿毕业就好了。

谁知没过多久就接到女儿的信："要买学习资料，速筹2000元寄来。"

父亲为了给女儿凑学费，已经家徒四壁，负债累累，根本就拿不出这么多钱给宝贝女儿——他只能做一件事情，那就是到城里的血站去卖血。

当老汉把借来的和自己卖血换来的2000元寄走后，他的心放下了，终于能让女儿踏实地学习了。

可他哪里知道，这次要钱还仅仅是个开始。

女儿要钱都是有用处的，再苦再难父亲也得支持。家里是一分钱也拿不出了，只能靠卖血来供养女儿读书了。

忠厚的父亲用别人的身份证托人办下了七个献血证。每个星期都要卖两次血，才能供得上女儿的消费。

4年里，老汉共卖血获得75500元，老汉为女儿所卖掉的血，用一个大汽油桶还装不完。

好不容易女儿毕业了，父亲心想，终于可以松口气了。不想，女儿在城里找到了工作，就再也没有和家里联系过。这让老汉十分牵挂。

一天，衣衫褴褛的老父亲千里迢迢来到了女儿的工作单位，探望许久没回家的女儿。

不想，老汉刚在女儿公司门口露面，女儿就把父亲推到了远处，还埋怨他怎么不穿好点，这么寒酸，太让自己没有面子了。

埋怨完父亲，女儿很不耐烦地从口袋里掏出 200 元钱递给了父亲，让他搭乘当天的火车回去，并告诫他没事别来找自己，对自己以后的发展不好。

老父亲接过钱的一刹那，几乎要昏过去……

看了这个故事，或许你也会为文中的"老父亲"心酸。然而，这位"女儿"的做法不是没有缘由的，父亲过度的爱、毫无原则与分寸的纵容，是造成"女儿"如此绝情的根源。

有的妈妈疼爱孩子，家里有什么好吃的东西都只给他一人吃。时间长了，在孩子的思想上形成了一个定式：好的东西只能由我享用。

有一个三口之家吃饭时，孩子总是把自己喜欢的菜拉到自己面前，恨不得一个人全部吃掉。

妈妈随着孩子，也专门把孩子爱吃的菜放到他面前，自己干瞅着不吃。孩子吃独食看起来是小事情，但是小事情却会产生大问题，这可是这位妈妈没有想到的事情。

孩子吃惯了独食，有东西只想一个人吃，玩具也只能自己一个人玩，自私自利思想由此产生。

一位母亲平时总是把削去皮的苹果给女儿吃，自己却吃苹果皮。一次当她尝了一口苹果时，3 岁的女儿竟声色俱厉地吼道："你怎么吃苹果！吐出来！"这位妈妈声泪俱下："她那么小，就这样对待我……"

孩子如此对待妈妈，确实可怕。但问题的起源在于妈妈的权利丧失，甘愿为子女当马牛，直接导致家庭教育失败，导致了孩子自私、任性而且霸道的性格。

由于许多妈妈没有认识到孩子吃独食的危害，觉得吃独食没什么大不了的，其实孩子吃独食的后果很严重。

一项调查表明，当今的中小学生明显表现为自私和责任心差，他们以自我为中心，而对父母缺乏应有的关心。调查发现，有27.8%的中小学生不知道父母的爱好，有100%的中小学生知道自己的生日，而有33.3%的中小学生不知道父母的生日。他们把父母为自己的付出看作是天经地义、理所当然的事情，进而体会不到父母养育他们的艰辛。

妈妈"有了孩子，没了自己"，到头来换来的却是孩子心中"只有自己，没有妈妈"。

抚养出这样的孩子，做妈妈的难道不痛心吗？然而这又是妈妈自身的过错造成的恶果。

我国老教育家刘绍禹曾经说过："不要太关心儿童。……太关心了容易养成孩子以自我为中心的心理，结果变成自私自利的人。"

孩子的自私自利并不是天生的，很多是随着妈妈畸形的爱滋生出来的。妈妈们，请反思一下你的爱，不要让你畸形的爱，成为孩子自私的源泉。

妈妈的爱，为孩子埋下温柔的陷阱

十月怀胎的辛苦和分娩的"切肤之痛"让妈妈们最能体会骨肉亲情，日常起居上的悉心照料更加深了母亲与孩子之间的感情，母亲对孩子的爱，已经不是"慈母手中线"缝出的衣裳能够代表的了。

正因如此，妈妈更容易溺爱孩子，在独生子女的家庭中尤其如此。

小敏的妈妈是一个全职太太，体会到丈夫在外面工作的不易，她也要求自己把家里的事情打理得事事顺心。

在对小敏的教育上，妈妈积极地给孩子报辅导班，按时接送孩子，一日三餐都按照营养书上推荐的搭配，保证孩子的身体健康。

平时孩子的任何事情，收拾书包、穿衣梳头、放水洗澡这些都由妈妈一手操办。在家庭内务上，妈妈尽心尽力，毫无怨言。

而小敏却没有感觉到妈妈的辛苦，在她看来，妈妈所做的一切都是理所当然的，如果哪一次她发现妈妈没有帮她把书包收好，或是给她准备的第二天上学时穿的衣服不如意，就会委屈得掉眼泪。

爸爸长期不在家，妈妈就成了小敏最亲密的伙伴，但凡遇到困难，妈妈总是第一时间帮她解决，但小敏还是常常和妈妈怄气。

不论是出于补偿心理，还是出于对孩子的爱，小敏的妈妈都绝对到了溺爱的地步。这样的做法虽然可以理解，却是很不明智的。

妈妈溺爱孩子，都是为了让孩子生活得幸福，但是孩子能让妈妈呵护多久呢？总有一天，她需要与别人一起应聘、一起工作、一起生活，到那时她的困难谁来解决？

有的妈妈正是知道自己不能保护孩子一生，越发有求必应、百般顺从了。这样的妈妈可以说是不负责任的，因为她没有为孩子的将来做任何打算，并且让孩子错失了很多学习成长的机会，她将一个低能儿抛给了社会，这样的行为不可饶恕！

孩子是需要经受挫折才能健康成长的，溺爱只会让孩子养成不好的生活习惯和性格。被溺爱的孩子很难遵守规矩，也不懂得自我约束，在他看来，规矩是为别人准备的。

由于凡事都有妈妈包办，这样孩子往往有太多优越感，做事情眼高手低，也不善于与人相处。当别人帮助了自己，在溺爱中长大的孩子也不懂得感恩，反而觉得是理所当然；当他看到别人比自己优秀的时候，不仅不会向别人学习、替别人高兴，还会产生沮丧、嫉妒的消极情绪。

一位母亲为她的孩子伤透了心，她在心灰意冷的情况下去找心理医生。

医生问："当您的孩子第一次系鞋带时，打了个死结，从此之后，您是不是再也不给他买带鞋带的鞋子了？"母亲点点头。

医生又问："孩子第一次刷碗的时候，打碎了一只碗，从此以后你是不是再也没让他刷碗？"母亲称是。

医生接着说："孩子第一次整理自己的床铺，用了很长时间，您看不过去，从此代替他叠被子了，是吗？"这位母亲惊愕地看了医生一眼。

医生又说："孩子大学毕业去找工作，您怕孩子找不着工作，便动用了自己的关系和权力，为他谋得了一个令人羡慕不已的职位。现在您却为孩子的适应能力太差而感到恐慌了！您怕他不能胜任一份好工作，怕他娶不到媳妇，怕他以后过得很凄惨……"

这位母亲更惊愕了，从椅子上站了起来，凑近医生问："你怎么知道的？"

"从那根鞋带知道的。"医生说。

母亲问："我以后该怎么办才好？"

医生说："当他生病的时候，您最好带他去医院；他要结婚的时候，你最好给他买好房子；他没有钱时，你最好及时给他送钱。这是你今后最好的选择，别的，我也无能为力。"

……

这则故事中的母亲，就是用自己的爱，为孩子埋下了一个温柔的陷阱，由于被剥夺了犯错误和改正错误的机会，孩子也失去了独立成长的权利。

当他们在日后的生活中遇到一些不如意的事情，除了向妈妈求救，就只能"独自垂泪到天明"了。

妈妈要让孩子学会自立，首先就要从放开自己的双手开始，让孩子自己系鞋带，即使很慢，迟到了他会因此受到批评；即使系到一起，走路摔倒了他会感到疼痛，但所有这些付出的代价，都是让他学会改变方法、正确做事的动力。不然，他在将来就会错失很多机会，付出的代价将会更加沉重。

另外，孩子在开始做事情的时候，需要适当的鼓励和即时的指导，如果妈妈不在身边，孩子很容易感到孤独和被忽略，因此，妈妈对孩子的爱要把握一个恰当的尺度。

妈妈们应该明白，溺爱孩子实际上剥夺了孩子生活中许多重要的东西。比如剥夺了孩子的自主权。溺爱的妈妈多为掌控型家长，喜欢一手包揽，诸如小到穿衣，大到前途，都要为孩子做打算和决断，孩子容易丧失自我，能力退化，胆怯，容易对妈妈产生既抱怨又依赖的矛盾心理。剥夺了孩子的自信心。溺爱孩子的妈妈给予孩子的负面信息要多于正面信息，常常喜欢限制孩子的活动，诸如：这是不能拿的，那是不能碰的，致使孩子运动游戏的能力差，和同伴玩不到一起，内心因此自卑孤独。甚至剥夺了孩子的感恩心。溺爱的妈妈倾心包揽，不给孩子任何成长的机会，也剥夺了孩子帮着做点力所能及的家务、参与家庭的活动的生活体验。

妈妈的爱，不是越多越好，小心你泛滥的爱，为孩子埋下温柔的陷阱，困住孩子的人生！

不自觉地虐待——代代相传的心灵创伤

在德国，一个宫廷乐师娶了一个侍女，生了好几个孩子。他喜欢喜喝酒，常常会在酒后暴打自己的孩子。当时诞生了音乐神童莫扎特，很多人都希望把自己的孩子培养成莫扎特那种会挣钱又有面子的儿子，他也不例外。为了让孩子成为"神童"，他天天逼着比较有音乐才华的那个儿子练琴，常常动手打他。

这个被打的儿子在孤独和痛苦中磨砺成了我们都知道的音乐天才——路德维希·冯·贝多芬。贝多芬自己没有结婚，也没有继承人。但是，他把自己兄弟的儿子卡尔留在身边，给他提供最好的音乐教育，要让卡尔成为下一个音乐天才。据说，卡尔认为自己并没有音乐上的天分，伯父的固执成为他的负担，他常常找贝多芬要钱，然后去赌场消愁。后来，卡尔实在受不了伯父贝多芬在他身上寄予的厚望，于是，用枪射向了自己的脑袋。这一枪偏了，卡尔没有死，但是贝多芬因此大受打击，病倒了。

贝多芬当然也很爱他的侄儿，只是他忍不住要在卡尔的身上寄予太多希望。想一想贝多芬自己的童年，我们就能明白他的"不由自主"是为什么了。父亲对他的态度，影响了他对侄儿的态度。

这样的情况不仅仅会发生在贝多芬身上，其实任何一个妈妈在教育孩子的时候，都会受到以前自己所受的教育方式的影响。因为童年时候发生的事情，对一个人的影响是很大的。所以，我们教育孩子的经验一般都来自父母教育我们的方式，父母的教育态度或多或少会影响我们的教育态度。一个从小生活在严格要求下的人，必定会对自己的孩子也比较严格；一个从小生活得轻松快乐的人，自然会对孩子要求较少，认为孩子的快乐最重要；而一个从小生活在责骂暴力中的人，难免也会对孩子暴力相待。

童年的记忆，无论是快乐的，还是痛苦的；无论是清晰记得的，还是觉得已经忘记的，都会在你的潜意识中影响你的想法。这就解释了为什么有的时候，妈妈一见到孩子心里就很不耐烦，或者想动手打他，或者不想理他。尽管妈妈知道这对他是不公平的，但还是无法克制住自己的情绪。也许，她也是一个受害者，她也是因为受到了这样的对待而把气发泄到了孩子身上。

但是，不管出于什么原因，打骂孩子都是不对的，这是对孩子的巨大伤害。要知道，你现在对孩子的伤害，会长久地印记在他的潜意识里面，影响他今后对待他自己的后代的方式。伤害就这样一代一代地往下传下去，那多少个子孙后代都要受到这样的折磨啊？所以，为了你的后代能够免受这样的伤害，也为了你自己的内心得到解脱，你必须学会走出童年的阴影。

也许你一直对当年父母的打骂怀恨在心，觉得受到了巨大的伤害，于是无法原谅。那你现在不如平心静气地想一想自己的童年，是不是全是这样的伤害呢？想一想父母给你的爱和幸福，是不是让你倍感温暖呢？想一想父母那个时候的社会环境和生活上的压力，是不是可以体谅他们偶尔的情绪失控呢？多往积极方面想，也许你心中很多不快会慢慢消失，这样，你再去教育孩子的时候，就没有这种莫名其妙的怒气了。

第二章
孩子成长需要一个幸福温暖的摇篮

人若没有一个好的家庭环境，就很难孕育一个正常的生命。给孩子一个幸福的家，让孩子在生理和心理两方面都健康地成长，成为一个身心和谐发育的人，这才是妈妈所能给孩子最丰厚的财富。

家庭温暖来自家人的呵护，而不是金钱的温度

一位妈妈下班回家，很晚了，很累并有点烦，她发现5岁的儿子靠在门旁等她。

"妈妈，我可以问你一个问题吗？"

"当然可以。"妈妈回答。

"您1小时可以赚多少钱？"

"你为什么问这个问题？"妈妈生气地说道。

"我只是想知道，请告诉我吧！"儿子哀求着。

"假如你一定要知道的话，我1小时能赚20美元。"

"喔！"儿子低着头这样回答，接着说："妈妈，可以借我10美元吗？"

妈妈发怒了："如果你问这问题只是要借钱去买玩具的话，给我回到你的房间并上床好好想想，为什么你会那么自私。我每天长时间辛苦工作，没时间和你玩小孩子的游戏。"

儿子安静地回到自己的房间。约1小时后，妈妈平静下来了，她觉得对儿子太凶了。她走到儿子的房门并打开门，"你睡了吗，孩子？"她问道。

"妈妈，还没睡。"儿子回答。

"我想过了，我刚刚对你太凶了。"妈妈说着，"我将今天的闷气都爆发出来了。这是你要的10美元。"

儿子笑着坐了起来，"妈妈，谢谢你！"儿子叫着。接着儿子从枕头下拿出一些被弄皱了的钞票。

儿子慢慢地算着钱，最后看着妈妈，告诉她："妈妈，我现在有20美元了，我可以向你买1小时的时间吗？请你明天早一点回家，我想和你一起吃晚餐。"

从这个故事中，你是否看到了自己的影子？的确，就像故事中的妈妈一样，现在的妈妈们总是很忙，忙着不停地工作、加班、赚钱……从来没有停下来，陪孩子一起玩。大多妈妈本能地认为，挣钱满足孩子的物质需要就可以了，孩子不愁吃不愁穿，自然也就没有什么烦恼了。可是妈妈的这种想法错了！其实妈妈的爱才是孩子最需要的！家庭的温暖来自家人的爱，而不是来自家人的钱。

美国心理学家哈洛做了一个独特的婴猴实验：

哈洛把刚刚出生的婴猴从母猴所在的笼中取出，放到另一个装有两个人造母亲的笼子里。一个纯金属丝的人造母亲胸前安有一个奶瓶，另一个的表面包裹着柔软的布，但不安奶瓶。按理说，婴猴应该经常爬到安有奶瓶的金属丝妈妈的身上，然而结果却相反，婴猴只是在肚子饿要吃奶的时候才爬到金属丝妈妈身上，而大部分时间都爬到布妈妈身上。如果在布妈妈身上也安上奶瓶，那么婴猴就几乎不接触金属丝母亲了。如果在婴猴下地玩耍的时候，突然放入一个自动玩具，就会看到婴猴吓得马上逃到布妈妈身上。

　　这个实验推翻了人们传统思想中"有奶便是娘"的认知。从这个实验可以得知，婴猴对母猴的依恋主要不是食物，而是柔软、温暖的接触。推而广之，小孩子依恋母亲并不仅仅是为了喝奶，他更需要柔软而温暖的皮肤接触，小孩子只有在母亲温暖的怀抱里才能健康地成长。就像小猴子不喜欢只能提供食物的"金属妈妈"一样，孩子也不喜欢只能提供食物、金钱的"机械妈妈"，他更需要的是妈妈的爱。

　　"工作忙""加班""挣钱""为了以后更好生活"……这些都不能作为"不陪孩子"的借口。孩子需要的不是一台"赚钱机器"，而是妈妈的爱与理解。虽然说一个家庭的经济能力比较重要，但是只要爸爸、妈妈与孩子之间其乐融融，即使经济能力较差，大家也会共同努力来克服。而如果因为赚钱而影响到孩子的健康成长，那就太不值得了。妈妈们不要掉进繁忙的陷阱，也不要做赚钱的机器，钱是永远赚不完的，而孩子只能成长一次，错过了就后悔莫及了。千金难买陪孩子成长的过程，物质也换不来与孩子相处的天伦之乐，有些东西错过了，就是孩子和妈妈一辈子的遗憾。

幸福的家是送给孩子成长的最好礼物

有一对夫妻在接女儿放学回家途中，不知为什么就大吵起来，最后居然扬言要离婚。等争吵暂告一个段落，他们才意识到孩子还跟在后面。他们看到女儿拿着画板在画画，画面上有两个大人，他们表情愤怒，两个大人中间躺着一个小孩。

妈妈很好奇地问："地上怎么会有个小孩，他怎么了？"

"死了！"孩子说。

"他怎么会死了呢？"

女儿沉默了半晌，说："因为爸爸妈妈吵架、分手……"

女儿的话深深震撼了他们。原来，女儿看见班级中所谓的"单亲儿童"总是神情忧郁、落落寡合，她害怕像他们一样。看来，父母吵架、分手后，他们的孩子就好像被抛于旷野，会一点一点死亡。

小女孩在无意间用一幅画泄露她的心声，也让父母及早警觉：孩子在成长中最需要的就是安定、安心、安全的环境与父母完整的爱。当着孩子的面父母不要吵架，家庭成员之间关系不能紧张，要相互信任和体贴，以免给孩子带来精神上的苦闷。

几乎所有的孩子都渴望自己的爸爸、妈妈能够相亲相爱，希望自己的家充满和睦、友爱、温暖的气氛。而许多父母却时常忽略孩子的这点心理与要求。

良好的家庭气氛是孩子成长的重要依托，家庭气氛是两种环境关系的产物，它包括家庭物质环境和家庭心理环境。家庭的物质环境依每个家庭富有程度的不同而不同，每个父母都会尽最大的努力来满足孩子的物质需要。但是很多父母却会忽视为孩子营造一个良好的家庭心理环境。而实际上，家庭心理环境对孩子的影响远远大过家庭物质环境，一个贫穷的家庭里只要有家人间关切的爱和温馨的环境，孩子就会在幸福的笑声中快乐成长，而一个冷漠严肃的家庭即使富可敌国，也买不到孩子的开心快乐。

妈妈要想把孩子培养成为心地善良、感觉敏锐和能力强的人，家庭日常生活应该是和谐的、欢乐的、充满爱心的，这是首要的条件。要知道夫妻间的互相尊重与爱护是良好的家庭教育的基础，而幸福的家庭是送给孩子成长的最好礼物。

安徒生小时候是在丹麦一个叫奥塞登的小镇上度过的。他家境贫困，父亲只是个穷鞋匠，母亲是个洗衣妇，祖母有时还要去讨饭来补贴生活。他们的周围住着很多地主和贵族，因为富有，这些人便觉得自己高人一等，他们讨厌穷人，不允许自己家的孩子与安徒生一块儿玩耍。安徒生的童年孤独而落寞。

父亲担心这样的环境会对安徒生的成长不利，但是他从来没在孩子面前流露出自己的这种焦虑，反而轻松地跟安徒生说："孩子，爸爸来陪你玩吧！"父亲陪儿子做各种游戏，闲暇时还讲《一千零一夜》等古代阿拉伯故事给他听。虽然童年没有玩伴，但有了父亲的陪伴，安徒生的内心世界也充满了阳光和快乐。

所以，温馨的家庭环境是孩子健康成长的保证，童年时代的安徒生生活在良好的家庭氛围中，才培养出了自己的童话细胞，以及一颗善良、充满幻想的"童话"之心。

由此可见，父母之间的恩爱，和睦的家庭氛围能够为孩子的身心成长注入生机与活力，增加孩子对生活的信心与勇气。如果孩子在一个紧张压抑的家庭氛围中成长，会逐渐变得忧心忡忡、缺乏热情、性格内向，而在良好的家庭氛围的影响下，孩子一定可以健康、茁壮地成长。

对于孩子来说，与变形金刚、自行车、芭比娃娃比起来，一个幸福的家庭才是父母送给他的最好的礼物。世界上没有什么事情比爸爸妈妈相亲相爱更令孩子开心，所以，为了孩子能够健康成长，请拒绝争吵，为他们创造一个温馨的家庭环境。

房间的布置渗透妈妈的爱意

孩子成长的一个重要标志，就是有自己的房间，离开父母单独睡觉。让孩子拥有自己的空间，对他的心理健全和人格的发展都有着积极的意义。当孩子拥有自己的房间后，会对家更有一种归属感，建立自我意识，了解自己的重要性。

现在，摆在妈妈面前的一个问题是：怎样让孩子的房间常看常新，创意多多，并且让孩子住在里面感觉到快乐和幸福呢？

家庭装修毕竟属于大额消费，伴随着孩子从婴儿、幼儿、小学到少年的成长阶段，儿童间如果只靠装修很难随孩子成长而改变，在这个时候，家庭的装饰布置就成了重要课题。妈妈可以不改变孩子房间的大小，而从家具、装饰上来改变房间的格局。

首先要考虑孩子的个性、喜好，除了实用性、安全性、启发性外，其他要素如色彩、款式等还应依据孩子的喜好，尽量符合孩子的需要。

1. 多彩与安全——婴儿、幼儿时期

牙牙学语、蹒跚学步的婴幼儿时期，为了培养孩子的视觉和触觉能力，妈妈们会在墙壁、天花板挂上深色浅色的花、水果之类的挂画，孩子的眼睛对色差较大的图案印象颇深，他们会选择自己喜爱的图案与颜色。而在屋中无规则地摆放一些轻便柔软的小玩具，更会激发他们的触摸欲望，锻炼他们的灵活性。

心理学家研究说，6岁以前是孩子创造力发展的关键时期，如果这时孩子生活的空间过于呆板、一成不变，会扼杀孩子的创造力与想象力。因此，这个时期儿童房基本是无规律的，随宝宝的兴趣爱好而改变。妈妈这时可以把屋里布置得五彩缤纷。一个多姿多彩的空间既可以加深孩子对外部世界的认识，又给予孩子自由、嬉戏的宽敞空间，使他们在玩乐中锻炼自己的想象力和发挥自己的创意。

安全是这个阶段不可忽视的重要因素。小孩子天性好动，有棱有角的家具、饰品就会成为一种潜在的"危险"，而且孩子在这个阶段喜欢用嘴去了解外界，细菌很容易跑到宝宝的肚子里去。妈妈可以参考以下几个标准：

（1）无锐角。家具以及房间中的饰品防止尖锐的边角，以防磕碰。

（2）结构简单，坚固耐用，如五金部件不易拆卸或采用隐蔽式的螺丝等。

（3）无毒性，避免儿童误食或发生过敏现象。

（4）小零件的坚固程度，如抽屉的滑轨等。

2. 绅士淑女——学龄期

上学以后的孩子，渐渐养成性格，也渐渐有了自己的需求。书包、书本、文具怎么摆放，都需要妈妈的指导和帮助。给孩子设计一些分门别类的储物空间，不但可以节省房子的空间大小，还可以给孩子一个动手动脑的机会。尽管他们设计得没有专业设计师好看，或者和房子不搭配，但这是他们自己的创意，用着更有趣。

一张美术作业、一件手工折纸都成为经典装饰的注脚。由于这时孩子的房间多了一些电器，因此要在书架上、窗台上摆上一两簇花草，调节屋内空气。

灯在房间中的作用不可小觑。除顶灯外，床头灯是必不可少的，这样孩子夜里起来可随手打开，灯光不能太强，以免孩子不安。整体房间色调要有所统一，无论装饰材料还是配饰挂件，最好是亮色。现在的市场上适于儿童间的各种玩具造型的灯也多了起来，小男孩、小女孩把喜爱的造型灯摆在床头，让房间增添活力。

这时候可以慢慢强调孩子的性别意识，公主和王子的房间肯定是不一样的，想要培养绅士淑女，最好在他们进入学龄阶段后，就多多在他们的房间里面下功夫。男孩子可以有世界地图、地球仪、小科学设备等；女孩子有娃娃、人文书籍、漂亮的墙纸、名画复制品等，都是很好的选择。

此外，还要注意的是，在窗户设护栏，尽量采用圆弧收边；室内尽量不使用大面积的玻璃和镜子；选用带有插座罩的插座；以柔软、自然素材为主。尺寸比例缩小的家具，伸手可及的搁物架和茶几能给他们控制一切的感觉，满足他们模仿成人世界的欲望。

孩子的小小世界，体现了家人对他们的尊重和爱，妈妈们多花一点时间在上面，会带给孩子无穷的乐趣。

当孩子自己改造房间的布局时，只要不是很危险的行为，妈妈不要大声呵斥，因为这时你的孩子正在创作自己的作品，他的思维相当活跃，大声训斥只会阻止他继续创新。妈妈在设计孩子的房间时，多多听从孩子的想法也很重要。

事业型妈妈，不能把权力强迫心理带回家

有一名女将领，曾经为国家的建立立下不少功劳，战争时期，她曾经是一个指挥官，在战争中她英勇作战，她的一个手指就是在战争中失去的。

后来她退休后，回到了家乡。她把家庭当成了战场。将以前在军队的一些东西搬到家里，闲着的时候就和这些事物打交道，有事没事就对家人下命令，让他们按照自己的意愿去行事。她经常说："这是组织的命令，我是军人，即使退休了也要按照军人的标准做事情。你们是军人的家人和儿女，所以对于我的任何命令只能服从，不能说'不'。"

她的丈夫性格比较平和，能够忍受她的倔脾气，但她的儿子和女儿则不同。儿子从小就很有主见，并且和母亲一样喜欢控制和影响别人。儿子大学毕业后，想自己创业。可老人坚决不让，她坚持

让儿子去军队当兵，并让人给他安排最低、最差、最没出息的岗位，她本来是想锻炼锻炼儿子，结果却使得儿子与她断绝了母子关系。

她女儿本来想嫁给自己喜欢的人，可她为女儿"幸福"着想，坚决让她跟自己属下结婚，结果女儿嫁过去之后，生活一直不如意，整日以泪洗面。

本来好好的一个家，自从她退休回家之后，变得四分五裂了。

现如今，事业型的女人越来越多，她们都习惯于在职场上呼风唤雨，雷厉风行，往往也会像例文中的老干部一样，把这种权力强迫心理带回家中，对丈夫和孩子难免颐指气使，居高临下。妈妈不再是温柔善良的依托者；爸爸和妈妈之间不是互较高低，就是妈妈成为一家之主，独裁着所有家庭事务；孩子也没有机会向妈妈撒娇，要求妈妈的疼爱，因为妈妈并非慈眉善目，除了安排任务和视察工作，她没有多余的心思来疼爱孩子。长此以往，家庭里孕育不出温暖的气氛，如此冷漠的家庭自然不会有良好的亲子关系，当然，孩子的成长也会受到极大的影响。

其实，不仅仅孩子和家庭会受到妈妈权力强迫心理的危害，妈妈自己本身也会受到很大的影响。极端的权力强迫心理不但会扭曲人的健康心理，并且还会引起人生理上的一些疾病。这种现象在女性中比较常见。具有权力强迫心理的女性，大多经常感受到巨大的压迫感，身心疲惫，身体上出现一些症状，如肌肉酸痛、头痛、牙疼、皮肤敏感、月经失调、失眠、紧张、心情忧郁等。在人际交往这方面，她们经常遭遇冲突与不协调，但不得不以压抑或逃避来维持日常生活。所以，无论你是多么"伟大"的人，你在事业上多么成功，你还是一个妈妈，一个女人，不要把自己逼迫得太厉害，如此可怕的权力强迫心理，家庭和你自己都是经不起它的危害的。

事业型妈妈们要记住：工作中的规则是权力，其运作机制是竞争与合作、控制与征服。而家庭则完全不同。家应该以"珍惜"为主旋律，家庭成员之间相互理解、接纳、关爱。如果不明白工作与家的区别，将工作中惯用的权力心理带回家，必然会破坏家庭中的和谐关系。

家不是工作的延续，而是温暖的开始。当你忙完工作回到家中时，请卸掉工作中的装束和工作中的氛围，扮演好你的家庭角色。在家里，你是一个好妈妈，也许你在工作中有着"只处理事情，不理会感情"的磊落之风，可是，当你回到家中时，你所面对的事情已经不是工作，你不需要去处理事情，而需要去感受家的温暖，理解家人的付出，接受家人各自不同的性情。在家里，不谈工作，只谈琐事。不讲效率，只讲感情。不要冷漠，只要温暖。

"一个向左，一个往右"是教不好孩子的

琳琳的爸爸是一家大型公司的部门经理，妈妈是医院的主任医师，家境富裕，条件优越。

但是，几乎每天，爸爸妈妈都要因为她的教育而发生争执。妈妈总是认为，琳琳只要好好学习就可以了，不用做家务。到现在，琳琳还没有自己洗过衣服。但是爸爸觉得，好好学习是应该的，但

是也该有适当的放松。妈妈还总是向琳琳灌输做人要有心计的思想，而爸爸则教育孩子要善良、诚实。

于是，琳琳家中就常常发生类似下面的场景：

6点半左右，琳琳吃过晚饭，问爸爸能不能看一会儿《猫和老鼠》再写作业。爸爸觉得很正常，同意了。可琳琳遥控器刚拿到手，电视还没开，妈妈一把就抢了过去，说："还不快写作业、看书！"

爸爸和妈妈对于琳琳的教育始终持不同的观点，时间长了，琳琳常感到无所适从。

有一次，爸爸和妈妈又因琳琳的教育问题吵了起来，爸爸说了妈妈几句，刚好妈妈手里拿着一个牙签盒，脾气火暴的她一听爸爸说自己不对，手上的盒子就朝爸爸砸了过去。牙签撒得到处都是，琳琳着实被妈妈的举动吓了一跳。

从那之后，琳琳越来越沉默，在家的时候半天不说一句话，而且经常把自己关在房间里。她的脸上很少有笑容，上课时常常注意力不集中，成绩也由名列前茅退到了中后的位置。

琳琳接受父母截然相反的教育方式，最终自己也不知道该听谁的。心里的疑惑总得不到解决，久而久之，心理上便处于一种混乱状态。这种现象正好印证了心理学上的"手表定律"，即当一个人只带一块手表时，他可以知道现在是几点，但当他带着两块或更多的表在身上时，却难以确定准确的时间，同时也失去了对准确时间把握的信心。

"手表定律"启示人们：在做一件事情的时候，只能有一个指导原则和价值取向。正如尼采所说："兄弟，如果你是幸运的，你只需要有一种道德而不要贪多，这样，你过桥会容易些。"

同样，在教育孩子的时候，父母之间的教育方针不能经常出现矛盾，比如总是给孩子设定两个截然相反的目标，提出两种完全不同的要求等。这样矛盾的教育会使孩子无所适从，无法形成自己独特的价值体系，甚至行为上陷入混乱。

对于任何一件事情，不能同时设置两个不同的目标，否则将使人无所适从；对于一个人不能同时选择两种不同的价值观，否则他的行为将陷于混乱。

父母双方教育出现矛盾的时候，最好"模糊处理"。父母双方应互相妥协，冷静克制自己，避免在孩子面前暴露出教育观点不一致。事后，可以交换对教育孩子的不同想法，采取一定的"补救"措施，尽量使思想趋于统一。绝对不给孩子拥有两个价值观的机会。

父母教育观相悖的话，除了混淆孩子的价值观之外，有时会使孩子产生错觉和偏见。当妈妈的要求比较简单或者语言比较委婉时，他会将之与爸爸较严格的要求和直接的话语作对比，形成妈妈更爱自己一些的成见。这样的话，他就会倾向于按照妈妈的要求做，同时对爸爸形成抵触心理。这样的话，孩子和爸爸之间的隔阂加深，即不利于孩子的健康成长，也不利于亲子关系的发展。所以，在教育孩子问题上，父母双方要站在统一战线上，以共同将孩子教育好为目标，如果互争高低，结果只是爸爸妈妈以及孩子"三败俱伤"。

父母不要当着孩子面吵架，如果吵了又怎么补救

一对小夫妻两人吵架了，声音都不大，但是家里的气氛很不好。这时，他们一岁半的小儿子慢慢地走了过来，抱抱爸爸的腿，又抱抱妈妈的腿，眼里含着眼泪，脸上全是恐惧的表情。这个时候夫妻二人意识到原来吵架对孩子的心灵产生如此大的影响，父母的心情和表情足以让一个孩子幼小的心灵感到不安和恐惧。

孩子心目当中唯一温暖的庇护所就是家庭，他们希望家庭中始终充满爱。当孩子一旦发现父母开始吵架的时候，就会觉得这个家庭不再温暖，这个庇护所要被毁灭掉，就会失去基本的安全感。虽然夫妻吵架拌嘴对大人不一定会带来多大的伤害，但是父母的表情就足以让孩子的心灵蒙受创伤。

一位儿童教育专家曾对小学和幼儿园的孩子做了"你最喜欢什么样的家"的调查。结果发现，孩子们对父母和家庭的要求放在首位的并非是经济、物质条件，他们对吃的、穿的、用的和玩的东西似乎都不大在意，相反，却很关注自己家庭的精神生活。最喜欢的家有5种，而排在第一位的是：和睦、团结、友爱的家。孩子们最喜欢爸爸妈妈和和气气，不吵架、不斗嘴，全家老小和睦相处，让家里始终充满爱。

还有一位英国学者曾经走访了20多个国家，对1万多名肤色不

同、经济条件各异的学龄儿童进行调查，发现孩子们对家庭的精神生活及家庭气象十分重视。这位学者总结出各国儿童对父母和家庭最重要的10条要求，而"孩子在场，父母不要吵架"高居榜首。

根据调查显示，有85%的宝宝最怕的就是父母吵架。如果一个孩子长期在充满冲突的家庭中生活，容易变得退缩、自卑，与人交往时往往不自信、不主动，不能很好地与他人建立信任关系，容易陷入人际交往的障碍。

几乎所有的孩子都渴望自己的爸爸、妈妈能够相亲相爱，而许多妈妈却时常忽略孩子的这点心理与要求。检讨一下自己，是不是也有过这样的行为：

与伴侣意见分歧时，总是毫无顾忌地大吵大闹。

有时候，在孩子面前也忘记了父母的榜样作用，说脏话，不顾及家长的形象。

夫妻之间，可能没有不吵架的，无论是多么大的原则问题，还是鸡毛蒜皮的小事。不过，既然是夫妻吵架，大不了总是床头分、床尾合，进而更能增加夫妻双方的感情。不过，当夫妻成为父母之后，吵架就不只是两个人的事情了，因为在我们的身边多了一个"第三者"——孩子。我们当然不应该当着孩子吵架，这是在任何情况下都应该避免的。对孩子的这种感情和心理的安全需要，任何妈妈都不可以掉以轻心。

但如果父母真的在孩子的面前吵起来了，事后要怎样来弥补呢？

1. 首先要安抚受惊的孩子

鼓励孩子把当时的感受说出来，弄清楚孩子害怕的是什么，是父母吵架时的腔调和表情，还是怕父母分开之后不要自己了。作为妈妈可以适时使用肢体语言，比如拥抱或者亲吻来传达对孩子的关爱，同时向他保证父母不会不要他，让孩子安心。

2. 父母双方最好再当着孩子的面来和好

可以向孩子说明，吵架的事情已经过去了，爸爸妈妈以后不再吵了。然后要向孩子解释清楚，你们当时是因为一时冲动，没有控制住自己的情绪才吵架的。尽管孩子对这些解释并不完全懂，但是当他看到爸爸妈妈在一起和往常一样心平气和地讲话，自然就会平静很多。时间久了，只要你们不再吵架，孩子就会渐渐淡忘掉。

3. 让宝宝了解父母吵架和他无关

父母在吵架之后应该告诉孩子，大人吵架的事情和他无关，不要让孩子认为是自己不好才让父母吵架的，避免孩子产生自责心理。并且要让孩子知道，不论你们之间是否在争吵，都会是非常爱他的。

父母之间的恩爱，和睦的家庭氛围能够让孩子对生活持有乐观的心态，孩子有更大的生活热情和信心。如果孩子在一个紧张压抑的家庭氛围中成长，会逐渐变得抑郁不安、性格内向，严重的还会形成心理障碍。在良好的家庭氛围影响下，你的孩子一定可以健康、茁壮地成长。

只有父亲与母亲合作，才能保证孩子最好的成长

说到影响孩子成长的话题，母亲总是被首先提及，因为似乎母亲对孩子成长的关注度更高，有的家庭甚至几乎是由母亲一人独自担负教养

孩子的重任。爸爸这个称呼在孩子的心里到底是什么？是漂亮的房子、汽车或高档的玩具，还是情感和对孩子的了解？实际上，父亲的影响力不容小觑，著名心理学家格尔迪说："父亲的出现是一种独特的存在，对培养孩子有一种特别的力量。"

弗洛姆曾这样评价父亲和母亲的不同作用："母亲是我们的家，我们来自那里；母亲是大自然、是土地、是海洋，但父亲却没有这些特征。在第一年他和孩子很少接触，这时他的重要性不能与母亲相提并论。然而，虽然父亲不代表自然界，却代表着人类存在的另一极，那就是思想的世界，科学技术的世界，法律和秩序的世界，风纪的世界，阅历和冒险的世界。父亲是孩子的导师之一，他指给孩子通向世界之路。"父亲不仅仅是家里的脊梁，是家里的经济支柱，还当之无愧是孩子成长中的重要人物。这从以下几个方面就可以体现出来：

（1）父亲是孩子游戏的重要伙伴，孩子需要在游戏中成长：家庭组织一次野餐，父亲常常会带着孩子上山采果、下河摸鱼。在孩子看来，唯有父亲能陪他完成这次冒险，并且在危难的时候帮助他。即使在家里，父亲也常常会用触觉、肢体运动的游戏把孩子举到肩上，来回旋转，或抛向天空。这些动作常有一定的危险性，但父亲的大手和力量可以让孩子感受到刺激与安全，孩子们总会快乐地"咯咯"笑。

在刚开始的 20 个月，父亲成为孩子的基本游戏伙伴，20 个月的婴儿对父亲的游戏明显地感兴趣，反应积极。30 个月以后，则成为主要的游戏伙伴。这时的婴儿能兴奋、激动、投入、亲近、合作而有兴致地和父亲一起游戏，他们会把父亲作为第一游戏伙伴来选择。

（2）父亲帮助孩子形成积极的个性品质，培养孩子的正面情绪：在现代社会，男性的独立、自主、坚强、果断、自信、与人合作、有进取心等更是富有创业精神的一代人积极学习的精神。父亲正是促进孩子形成积极个性的关键因素。理想的父亲通常具有独立、自信、自主、坚毅、勇敢、果断、坚强、敢于冒险、勇于克服困难、富有进取心、富有合作精神、热情、外向、开朗、大方、宽厚等个性特征。

孩子在与父亲的互动中，一方面接受影响，并且不知不觉地学习、模仿；另一方面，父亲也自觉、不自觉地要求孩子具有以上特征。如果孩子在 5 岁前失去父亲，对他的个性发展会非常不利。孩子年龄越小，影响越大。没有父亲的孩子缺少克服困难的勇气，具有较多的依赖性，缺乏自信、进取心，同时在控制冲动和道德品质发展上也有不利影响。

（3）父亲能提高孩子的社交技能，让孩子今后成为乐于协作的人：父亲是保持家庭与外部社会联系的"外交官"，对孩子社交需要的满足、社交技能的提高具有极其重要的作用。随着孩子渐渐长大，与外界交往的需要日益增多，父亲成为孩子重要的游戏伙伴，扩大了孩子的社交范围，丰富了孩子的社交内容，满足了孩子的社交需要。

同时，父亲和孩子的交往使孩子掌握更多、更丰富的社交经验，掌握更多、更成熟的社交技能。当孩子在和父亲的游戏中反应积极、活跃时，在和同伴的交往中也较受欢迎。因为父亲影响了他的交往态度，使他喜欢交往，在交往中更加积极、主动、自信、活跃。

第三章

孩子的成长 99% 来自对妈妈的模仿

在孩子的教育和品德培养中，妈妈的作用至关重要。因为妈妈是培养孩子的第一人，也是时间最长的人，她的一言一行都会成为孩子模仿的对象。可以说，孩子是对妈妈"依葫芦画瓢"，妈妈"长得好"了，孩子才会"画得好"。

孩子的成长从模仿开始

在饭厅里，一个大人抱着一个几个月大的婴儿。婴儿看到了一幅画了许多水果的画，他一边看着画，还一边做出假装吃东西的样子。这个婴儿还是在吃奶的阶段，他怎么知道水果要怎么吃呢？

牛牛是一个只有 15 个月大的男孩。有一天，他拿起妈妈的梳子一下一下地梳理着自己的头发。他的妈妈看到这个举动吓了一跳："我从来没有给我儿子梳过头。他的头发又细又直，即便不梳理也很整齐。当我看到他拿着我的梳子熟练地梳理头发的时候，我感到很吃惊，看起来他好像天生就会梳头。我也很纳闷，他是怎么学会的呢？"

当然，婴儿不是天生就会吃水果的，牛牛也不是生下来就会梳头的，他们很有可能是观察妈妈的一举一动而学会的。对于1岁的孩子来说，模仿是他们学习各种技能和语言的非常有效的方法，也是孩子逐渐产生自我意识的一个途径。

一个小孩看见大厅的芭蕾舞者雕像后，立刻跳起舞来，因为孩子曾经看过别人跳舞的样子，所以他知道雕像的姿势就是跳舞的动作。这就是孩子天生的模仿和学习能力。孩子正是这样得以进步和提高的，他们的智能也是这样得以开发的。所以，父母一定要学会敏锐地观察出孩子的需要，只有这样，才能给予孩子需要的帮助。

实际上，从孩子降生的第一天起，他就开始模仿父母了。首先是模仿父母的面部表情和发音，然后是身体运动和话语的模仿。初学语言的孩子，一开始就是模仿和重复周围人对他说的话。研究发现，如果平时和孩子说话的人大多数都是语音标准的人，那么孩子的发音就会比较好；如果周围的成人说话都不太标准的话，那么孩子的发音则会带有方言的语音语调。孩子不仅会模仿成人的语言、神态，也喜欢模仿成人的行为。如果孩子被允许去做"大人"的事情，他会非常高兴，比如拿扫帚扫地。

到2岁以后，大部分孩子开始对成年人如何使用物品有很大的兴趣，比如孩子想学习爸爸妈妈是如何使用手机、餐具和电视遥控器等物品的。这些动作的模仿表明孩子的认知能力已经有了一个重大的跳跃，也就是说，孩子能够意识到他所模仿的动作是带有一定意义的。

3岁以后的孩子，已经知道自己是男孩还是女孩了。这时，他们开始模仿同性成人的行为和举止。比如女孩喜欢穿着妈妈的高跟鞋，或者自己亲自照料娃娃。在性别角色的模仿过程中，孩子会学习那些同性成人的行为方式，并且认同那个人或那种角色，这对孩子以后的行为发展起到重要的作用。

　　模仿不仅发生在日常生活中，在游戏中也会有模仿。孩子经常在玩耍中扮演某些成人的角色，比如老师、医生、司机、厨师等。这时的孩子不会看到什么就模仿什么，而是会选择熟悉的人和事，把自己感兴趣的行为通过游戏表现出来。这类游戏被称为"装扮性游戏"，对孩子各方面的发展都十分有意义。在装扮性游戏进行的过程中，孩子并非纯粹地进行模仿，而是会在实际游戏情境中进行创造，比如为游戏角色打扮，准备游戏道具，在游戏中安排模仿对象的行为和工作等。这时，孩子的创造行为也不知不觉地发生了。

　　孩子不仅模仿与他亲近的父母或爷爷奶奶，而且还模仿其他的小孩子。他会通过模仿改变自己的行为和动作而去迎合周围其他小朋友的行为了。所以，这时候，孩子一对一的游戏方式就能够使他们有更多的模仿机会。也就是说，一个孩子喜欢和另一个站在他旁边的小朋友一起玩，而不是一群孩子相互之间一起玩。没过多久，你又会发现你的孩子甚至开始模仿陌生人、电视里的人物，或者他在动物园看到的动物了。

　　孩子是靠模仿学习的。孩子通过模仿学习说话，学习语言，学习为人处世的态度，学习形成自己的价值观与个人的行为方式。有些习惯甚至都是通过模仿形成的。

　　要鼓励和帮助孩子模仿，因为这是他成长的中间站。孩子不仅仅是模仿了，他也会出于自己的愿望而这样或那样去做。他通过每天看见父母刷牙和穿上外衣而逐渐学习这些技能。一旦孩子意识到"我自己能做！让我再试一次"，那么他就逐渐变得独立起来了。确切地说，模仿成了孩子迈向独立的中间站。

另外，孩子的一些模仿会超出他的能力，因此，妈妈需要警惕孩子的安全问题。如果不存在危险因素，那么就等孩子要求帮助的时候再帮他一把。失败是孩子学习过程中不可缺少的一部分，妈妈要时常鼓励孩子自己再去尝试。那么，孩子才会在第一次失败之后再去效仿别人的成功做法，一次又一次地尝试，直到自己成功。

为孩子提供一个良好的"模仿环境"，并做他模仿的"榜样"

既然孩子的行为方式是通过模仿周围人形成的，为人妈妈的你就对孩子的学习有相当大的影响，你是孩子的第一个榜样。孩子的模仿能力与他的生长发育和认知能力有很大关系。而妈妈所要做的是为孩子提供一个良好的"模仿环境"，并且做他模仿的"好榜样"。

想让孩子成为怎样的人，妈妈首先就要做好榜样，孩子会学习父母的一举一动。当丈夫在家时，你却对打来电话的人说他不在，你就教会了孩子说谎；如果你吃饭时狼吞虎咽，那么你就教会了孩子吃饭时要快速；如果你整日看电视，那么你就教会了孩子整日去看电视；如果你大喊大叫着人们的名字，那你也教会了孩子对人没有礼貌；如果你对孩子动怒，孩子就会对别人动怒；如果你对抢占停车位的那个人说了些脏话，你则教会了孩子去说脏话。

这其中如果妈妈给孩子树立了一种虐待他人的印象，那则是一件可怕的事情。你怎样虐待了孩子，孩子也会在日后怎样虐待你。为人妈妈的你动用武力，怒气冲冲地打了孩子一顿，天长日久，在孩子的心中则形成一种印象："妈妈就是以这种方式来对待他们的孩子的。"当孩子长大成人后，他也将以此种方式对待他自己的孩子。

相反，如果你能心平气和地讲话而不是怒气冲冲，则教会了孩子怎样在被激怒的情况下保持冷静；你对自己说的脏话道歉时，则教会了孩子怎样对所犯的错误负责；你对自己的怒气负责，便教会了孩子对自己的怒气负责；你彬彬有礼，则教会了孩子彬彬有礼；你能事事与大家分享，则教会了孩子事事与他人分享；你能与人为善，那么你的善良也传授给了你的孩子；当你全力以赴做事时，你的孩子也会学着专心致力于所做的事情；你常常读书，则培养了你的孩子对待读书的正确态度；你吃健康食品、积极健身，那么你的孩子也会紧紧地跟从；如果你以一种负责任的方式行事，那么你的孩子也将会以一种负责任的方式行事。

因此，妈妈需要格外注意自己的一言一行。如果你希望孩子能够总是把"谢谢"和"请"挂在嘴边，那么你必须自己先这样做，自己经常说这些礼貌用语才行。另外，孩子对待周围人们的方式也是通过效仿父母而学到的，所以，必须让孩子亲眼看到妈妈的友善、慷慨和富有同情心，而且，一旦孩子有了这些好的行为，妈妈一定要给予鼓励。

孩子会从妈妈那学会许多自己的行为方式，所以妈妈必须成为孩子的一个好榜样。孩子也会从身边的环境中学习，所以妈妈应该为孩子创造那些培养他的优点，鼓励他自律、负责的环境。

孩子身处的环境包括他周围的人以及周围的环境。孩子周围的人包括父母和其他家庭成员，小伙伴、邻居、同班同学、老师；周围的环境包括餐厅、操场，还有电视、电影、书刊、音乐等宣传媒体。孩子的行为是融合在他身处的环境中的，如果环境鼓励他嬉闹，他就会玩；如果环境鼓励他踢球，他便会踢；如果环境鼓励他成为一个团队中的一员，他就会加入团队。

环境具有强大的影响力，它给孩子耳濡目染、潜移默化的力量，就像青蛙在不同的环境中会改变不同的体色，孩子在不同的环境中会长成不同的个性。成功的早期教育一定要给孩子丰富多彩的生活环境和条件，这是孩子快乐进取的物质基础。每个妈妈都想让孩子在好的环境中健康成长，但该如何给孩子建设一个有利成长的环境呢？

1. 人际环境

孩子是家庭中平等的一员，妈妈不要娇宠溺爱，也不要冷落他。一家人要做到互相关爱、分工劳动、遇事商量，共同享受生活的乐趣；一家人还要互相赞美对方良好的行为表现，运用礼貌和幽默的语言进行交流；一家人可以经常开故事会、朗诵会、运动会，表演各种节目，还可请亲戚、朋友、小伙伴来家里玩，尽情享受亲情和友情。

2. 智慧环境

妈妈要给孩子准备好小书桌、小书柜、玩具柜、科技百宝箱、大地图、地球仪、科学实验器具，再给孩子一个植物园、动物园就更完美了。孩子的生活环境要有色彩鲜艳的图案，美丽的风景画，优美的书法作品。当然别忘记给孩子设立一个锻炼身体的环境，如沙包等。一家人要经常读书、讨论，一起动手做玩具、开展小实验。对于2岁半以后的孩子，妈妈可以每天设立 20 分钟的"静悄悄"时段，各人在自己固定的位置专心做事情，不打扰对方，事后评定孩子的表现情况。

3. 意志环境

养成孩子良好的行为习惯，妈妈可以和孩子一起制订各种作息时间，如早起、早锻炼的时间。制订作息时间表有利于孩子养成有动、有静的活动习惯。培养孩子按时吃饭、洗漱、排便、睡眠、劳动、看电视的习惯，逐步做到不催促、不提醒，培养孩子的责任感和坚持力。3 岁以后的孩子看什么电视，父母要事先与孩子商量好，以儿童节目为主，在规定的时间内不多看也不少看。3 岁以前的孩子每天以 10 分钟为宜，3 岁以后每天 20 ~ 30 分钟为宜。当孩子逐渐长大，还要教给他怎样用钱、怎样节约、怎样存放，鼓励他买书和智力玩具，援助他人等。

小心，别让孩子在模仿中学坏

有一次一个妈妈带着 3 岁的孩子去做新年前的采购。停车的地方挤得水泄不通。他们兜了好几圈也没找到个停车的空地。妈妈心里很烦，最后她好不容易看到另一个人要开车离去，逮了个空。妈妈赶紧向前开车，打出信号，示意自己要把车停在那儿。就在那人倒车时，另一辆车却乘虚而入，挤到了她的前面，占了车位。妈妈气极了，摇下车窗对着那司机吼着粗话，彼此都愤怒地斜视着对方互不相让。最终这位妈妈只好怒气冲冲地继续去寻找了另一个停车的地方。

　　大约 20 分钟后，母子俩走进大厅。此时的妈妈已平息了怒火，母子俩一起谈论着买些什么样的礼物，在这位妈妈毫无准备时，儿子突然抬起头问："妈妈，能告诉我什么是 ×××吗？"

　　妈妈顿时觉得尴尬，弯下身来没好气地对孩子说："小孩子别管大人的事，你别管这句话是什么意思，反正小孩子不能说！"

　　生活中 95% 的时候妈妈可以成为孩子的好榜样，而当孩子抓住妈妈所犯的错时，做妈妈的总是有一种防范、虚荣的心理："别管那是什么意思，反正你别让我听见你说这样的话，否则……"

　　作为妈妈，如果你常常用这种办法应对孩子的话则大错特错，这种方法反而让孩子更加好奇和叛逆，同时也会关闭了你与孩子间沟通的大门，这样做相当于告诉你的孩子，大人可以说脏话而他不能，那么孩子到学校做的第一件事很可能就是开始问全班同学那个脏字是什么意思。

　　漫画家几米有一本漫画，叫作《我的错都是大人的错》，其中有很多"金玉良言"，一针见血地说出了现代家教的矛盾：

　　有些父母喜欢教训孩子：吃得苦中苦，方为人上人。
　　但她们自己吃尽了苦头，也没有变成人上人……
　　大人喜欢吹牛，
　　却要求小孩诚实。
　　所有的孩子都爱吹牛，
　　说他们的爸爸从来不吹牛。

大人喜欢对小孩说：

永远永远不要放弃梦想。

但为什么放弃梦想的都是大人？

这些既简单又直白的语言，把大人问得哑口无言了。对啊？为什么家长总是在做自相矛盾的事情，一边说着这样的话，一边又做着那样的事。每个父母都希望自己能有一个称心如意的孩子，但是很抱歉，几米又说出了一个真相："我知道我不是一个完美的小孩，但你们从来也不是完美的父母，所以我们必须互相容忍，辛苦坚强地活下去。"

很多孩子的不完美，都是从大人的身上映射过来的。比如我们常说孩子没有什么自尊心，不知道害羞，脸皮太厚。是不是因为他的自尊心被父母伤得太严重了，产生了"抗体"？或者是他们没有从父母的身上找到自尊的感觉，从来不知道自尊是一种怎样的东西。现在孩子身上反映出来的种种问题，都是大人教育思想或者教育行为的后果。

有的妈妈说孩子不爱学习，但是她自己也从来没有在家中翻阅过一本正经的读物，也从未认真学习过，就算是报名参加了一些课程，在听课的过程中从来没想过要记笔记。

"妈妈，今天你们都听了些什么？"一般孩子也会像妈妈一样，好奇对方学了些什么内容。

这时候，如果妈妈能拿出来一个笔记本，一条一条说今天的学习内容，孩子马上就能知道，做好笔记很重要。但很少有妈妈能做到这样，甚至连讲了些什么都忘记了。

更有甚者，回家之后向孩子抱怨："今天听课真是白搞了，啥也没记住，往后再也不去听了。"这不是在告诉孩子听课没意思吗？

其实，好妈妈会这样做：

回去之后，兴奋地对孩子说："妈妈今天听课，感觉收获特别大。"然后亮出自己的笔记本："下次我一定早点去坐到第一排，听清楚些。"

学习是多么令人愉快的事情！这一点不会因为你是妈妈就变得无趣，也不会因为他是孩子就变得更有趣。学习带来的快乐是相通的，如果你能表达出这种快乐，孩子也就能去努力体会这种快乐。

妈妈应该如何对待孩子的不良模仿呢

孩子天生就有模仿能力和模仿需求，但是他不会分辨什么应该模仿而什么不能模仿。而孩子（尤其是小男孩）特别喜欢模仿影视作品里的坏蛋！为什么？因为坏蛋的造型与表演较之正面人物更有特色，更容易模仿！于是每看完一部电影电视，便总会有数不清的小男孩儿在游戏时模仿着那个坏蛋，学着那个原本"面目可憎"的家伙——他的模样、他的装束、他的步态、他的腔调！大部分孩子的恶习就是通过不良模仿形成的。

报纸上曾报道过世界上年龄最小的银行抢劫犯——罗伯特，是个年仅9岁的孩子，他怎么会抢劫银行呢？因为他刚刚看过一部关于银行抢劫的侦探片，他觉得很有趣，这才照葫芦画瓢，模仿电影上的坏蛋，用玩具枪去"抢劫"银行的！

现在的荧屏与银幕大量充斥着"不干不净"的东西，关于凶杀、打斗、抢劫、色情的镜头在上面屡有出现，这很难避免污染天真的孩子们！尤其是有些宣扬打斗和暴力的影视节目，如果频频出现在孩子们的面前，那么，体力较强、性格较外向的孩子看了就会立刻仿而效之，横行霸道、欺凌弱小，于是渐渐形成了具有攻击型侵犯性的性格。而体力单弱或性格内向的孩子则会因为无力模仿而感到自卑，渐渐感到低人一等，甚至害怕长大，害怕将来被人欺侮，于是郁郁寡欢，提心吊胆，原本健康的人格很快被扭曲。试想，如此日复一日，年复一年，怎能不结出恶果！

除了媒体大量的不良影响，现实生活中的诸多恶行对孩子也有着巨大的消极影响，例如，一个粗鲁暴躁的家长对待任何人都很无礼，班级里有个小霸王长期欺负同学，老师动不动就打骂学生，等等。这些看似与孩子没有直接关联的事，其实都在潜移默化中深深影响着孩子，他们对不良行为其实更加敏感和好奇，在自觉或不自觉的模仿中，孩子的恶习就这样形成了。

孩子不懂得分辨好坏，且不会对模仿的行为进行正误判断，因此，妈妈要帮助孩子尽量远离不良行为。首先，要给孩子的生活学习环境"消消毒"。妈妈是孩子模仿的第一人，她首先要有文明的举止行为和良好的生活习惯，另外，她还要扫除孩子旁边的不良影响物，例如，不让孩子与粗暴无礼满口脏话的孩子在一起玩，当亲戚朋友在孩子面前露出粗鲁一面的时候，让孩子回避，或者给孩子解释清楚这种行为的不好和危害。然而，总是防不胜防，妈妈不可能完全免除孩子的不良模仿，那妈妈应该怎样对待孩子的不良模仿呢？

(1) 应该用自己的言行为孩子树立一个可模仿的正确榜样。

(2) 要引导孩子在模仿中学习正确的东西，摒弃错误的东西。孩子的辨别能力差，妈妈一定要让孩子有选择地模仿。

(3) 妈妈经常和孩子一起讨论研究电影、电视、故事中的人物形象，正确引导孩子分析人物。分析时不停留于表面情节和人物的直观形象，要教育孩子学习英雄人物的勇敢顽强，憎恨敌人的卑鄙凶残，久而久之，孩子就会主动模仿这些英雄人物的形象，学习英雄人物的优良品德和崇高精神，促进孩子正确道德观的逐渐形成。

(4) 对孩子已有的不良模仿行为，妈妈应积极地加以纠正。如有的孩子喜欢模仿电影中的坏人，妈妈应告诉孩子，坏人干坏事，如果发现坏人，就应该把他抓住，交给警察。这样，孩子就会憎恶坏蛋，而模仿正面形象——警察。

模仿是孩子学习的一种途径，但也不宜让孩子只会模仿他人，而应更多地鼓励孩子发表和他人不同的意见，进行独立性的活动，这样才有助于孩子创造性思维的培养。

因此，妈妈对孩子好的模仿行为应当支持，并给予表扬和奖励，使之强化；对于孩子的不良模仿行为，妈妈应当制止，因为这种模仿只能导致孩子正确模仿作用的丧失，不良模仿和破坏性行为的出现，进而产生不良的心理。

和孩子一起模仿——在模仿中进行良好亲子沟通

当你喂小孩子吃饭时，把小勺递到孩子面前，孩子自然地张开了嘴，等着品尝美味。那么你呢，你的嘴是否也张着？你们俩谁先张开嘴？到底是谁在模仿谁？阿姆斯特丹大学的社会心理学教授艾普·迪叶特斯特解释说："在4/5的情况下是孩子看到伸过来的勺子后先张嘴，然后父母才模仿孩子的动作；余下1/5的情况是父母先演示，然后孩子再模仿。"

艾普教授告诉我们："如同水中的鱼群群居群嬉一样，人也时时参照周边的人们，互相观察、互相模仿。我们需要一种归属感和获得认可、接受的愿望，而模仿可以满足我们的这种愿望。"

这个简单喂饭的例子说明了：模仿不是单向的，模仿其实可以理解为妈妈和孩子间的交流的一种方式。

很多妈妈都知道，就是在很小的婴儿面前做吐舌的动作，宝宝也会模仿。新手妈妈也可以和自己刚刚出世的宝宝来做一个特殊的游戏：妈妈在宝宝面前做出亲吻的嘴型，看看宝宝是否也会模仿出同样的姿势。有研究者在刚刚出生不过42分钟的婴儿身上就观察到了这种行为。

如果一个6个月的婴儿得到一面小摇鼓的话，他会立刻意识到，他不仅可以将他攥紧，也可以松手扔掉。因为这么大的孩子开始有意识地抓住东西，想怎么玩就怎么玩。因而宝宝突然意识到，他可以"有所作为"影响什么了。于是他开始非常热情地练习，将事物与目的结合起来。此时，模仿可以起很大作用。例如，当你把礼品纸揉成一团发出声音，孩子会好奇地学着尝试，是否他也可以用手和纸制造出同样的音响效果。

当人们模仿他人表情的同时，理解他人的情感也就更容易了。神经生理学者发现，大脑具有使人拥有模仿能力的神经细胞——镜像神经元。它不仅仅在做动作，如用手抓玩具摇鼓时活跃，而且在观察别人如何拿起摇鼓时也变得活跃。大脑会模仿该动作，同时还会设想他人大脑中的意图：他想拿起摇鼓晃动发出声响。镜像神经元能让人通过模仿，推己及人从而更加体谅他人。再简单一点说，通过对周围的人表情的模仿，孩子学会了善解人意。

不仅孩子对妈妈的模仿有很大作用，妈妈对孩子的模仿也会产生很大影响。

如果孩子因为肚子痛而整夜睡不安稳，第二天早上，妈妈的情绪通常会有些烦闷，这是人之常情。但假如宝宝这时冲着妈妈笑，所有的妈妈都会不由自主地喜笑颜开，疲劳被笑容驱赶得无影无踪。这是因为妈妈在模仿孩子的笑时，大脑通过面部肌肉的运动传输了愉悦的信息，立即分泌出营造快感的激素。

妈妈在和小宝宝说话时会不自觉地用"儿语"，她们改变了通常讲话的节奏，几乎是像唱歌一样和孩子说话。而且语速相对缓慢，句子之间停歇较长，经常重复所说的话。当妈妈模仿孩子的方式与孩子进行交流，仔细观察宝宝的反应，就会发现宝宝在"密切注视"并"回答"你，尽管他可能还不会说话。宝宝大一点后模仿的能力更强了：比如他还不会说话，可已经能学着妈妈拿起电话听筒煞有介事地"打电话"

了。孩子每一次模仿的尝试都促进着语言的发展，同时加强了妈妈与孩子间的联系。

有的妈妈全天候24小时为这个小小的"大人物"服务，忙得焦头烂额，担心自己支撑不了多久。宝宝却有能力让你坚持下去，就像他自己一样保持旺盛的精力：不停地挥舞手臂，趴着时不断向前爬。孩子的这种耐力、耐心和集中注意力恰好是妈妈应当效仿的。可以说，孩子引导妈妈，尽全力去生活，尽力过好每一天。

妈妈和孩子可以一开始就通过模仿互相交流。你可能会感到，当孩子模仿你时，你的面前似乎有一面镜子，你做什么，孩子也做什么。孩子模仿你，是因为妈妈是他的偶像，他对妈妈的爱是无条件的，他对妈妈的信任是毫无保留。当你把宝宝抱在怀里，他同时也抱着你，贴在你身上向你表达他的爱，如同你对待他一样。

对于新生的婴儿来说，不存在昨天或明天，只有现在。当你给孩子穿衣、洗澡、哺乳时，对他重要的只是你正在做的事情。你可以在宝宝观察你的时候，望着他，用两三分钟来营造一个小小的永恒，一段美好的时间。而且你要将动作的节奏调节到宝宝的频率上来，"慢动作"有时候恰好是合适的速度。这些都有助于宝宝的时间感和记忆的形成。

对于孩子的模仿行为，如果妈妈每次都以微笑和赞扬的话对待他，那么他就会因为得到了你的鼓励而继续努力做得更好。另外，如果妈妈和孩子一起唱歌跳舞和做游戏，那么妈妈和孩子之间就可以相互模仿了。事实上，妈妈模仿孩子是表扬和认可孩子的一种很好的方式，当妈妈模仿孩子的时候，孩子将感到自己得到了别人的尊重和认可。

身教重于言教，因为身影重于声音

"你怎么把邻居家的娃娃拿回来了？别人的东西不能拿。"

"可是他又没有看见。"

"没有看见就更不应该了，那就是小偷了！"妈妈说着就赶紧把娃娃送回去了。孩子低着头，嘀咕着："可是妈妈还拿人家的梨呢。"原来，妈妈带孩子去买水果，趁卖主未看见，拿了几个梨放在自己提兜里，孩子看到了这一切。

孩子是站在妈妈的肩膀上的，妈妈有多高，孩子才能有多高；妈妈能走多远，孩子才能走多远。妈妈对于孩子具有天生的权威性，同时又是最亲近、最热爱的人，她的所作所为容易被孩子认为是自然合理的；并且，孩子由于知识经验贫乏，辨别是非能力差，对妈妈的言行会不加选择地模仿。因此，妈妈对孩子的心理发展具有潜移默化的影响作用。例如，他们不仅模仿妈妈的动作，而且模仿感情的控制和观点，就连发脾气的方式、样子也像他的妈妈。妈妈长期和孩子在一起，怎样为人处世，孩子都会记在心上。

苏联教育家马卡连柯指出："父母自身的行为在教育上具有决定意义。不要以为只有在你们同儿童谈话，教训他，命令他的时候，才是进行教育。你们是在生活的每时每刻，甚至你们不在场的时候，也在教育儿童。你们怎么样穿戴，怎样同别人讲话，怎么样谈论别人，怎么样欢乐或发愁，怎么样对待朋友和敌人，怎么样笑，怎么样读报，这一切对儿童都有着重要的意义"。这就充分说明了父母以身作则的重要性和必要性。例如，要求孩子孝敬长辈，自己首先要敬老；要求孩子讲文明，懂礼貌，自己就要谈吐文雅，不讲粗话。

儿童教育家孙敬修也说过："孩子的眼睛是录像机，孩子的耳朵是录音机，孩子的头脑是电子计算机。母亲个人的范例，对于未成年人的心灵，是任何东西都不可能替代的最有用的阳光"。这就需要妈妈以良好的形象发挥其独特的榜样作用。所以，妈妈应该多从孩子的特点出发来检点自己的言谈举止。

很多人都知道，身教胜于言教，巴金说："父母们的榜样力量非常大。在我小时候，父母的脾气都好，父母从未打骂过孩子。想来想去，我想不出从他们身上学到什么坏的东西。今天有些年轻的父母高兴时把孩子当作'小皇帝''小公主'，动了气就打骂不休。不多久，他们的坏脾气全让孩子学到了，孩子们只会学长辈们做出来的行动，不会学他们嘴里讲的道理和心里想的理想。"

但身教为何重于言教呢？因为对孩子来说，身影重于声音。尤其是对于人生刚开始的孩子，可以说只有身教，没有言教，妈妈的身影便是最好的教材。孩子这个时候需要的是身影，而不是声音，因为孩子这个时候还不懂得声音的意思，但是却懂得妈妈的行动对他的直接影响。在人生最初的几年，妈妈对孩子来说意义极为重大，妈妈的照顾不仅让孩子更健康，同时这种照顾本身也是最好的教育。妈妈是孩子成长中最重要的一个因素，妈妈的存在就是孩子教育环境的一个部分。

身教重于言教，这是古训，是我国传统家教的重要经验，很值得我们发扬光大。可是，有不少妈妈忽视身教，有的甚至只重视言教，这会产生负面效应。古人云："其身正，不令而行；其身不正，虽令不从。"有些妈妈常抱怨孩子不听话，其实她们对孩子所要求的往往连自己都做不到。妈妈不能总是以命令的口气让孩子干这干那，自己做不到的，就不要勉强孩子去做，否则便会失去威信，自然无法得到孩子的尊重。

在要求孩子做到诚实、可靠的时候，家长却不诚实、不可靠，这不是说话不算数吗？大人说过的话，一定要兑现，这样才能让孩子相信你、服从你。否则，孩子养成了说谎的习惯，也对妈妈产生了不信任。

如果一个人连自己的妈妈都不信任，那他怎么能信任别人呢？这样的人势必是多疑、心思细腻的人，总是缺乏安全感，很难和别人友好地相处下去。

妈妈是孩子的老师、朋友、知心人，这么重要的角色怎么能敷衍对待呢？

妈妈一视同仁，孩子才不会势利眼

一天，一位40多岁的中年女人领着一个小男孩，走进美国著名企业巨象集团总部大厦楼下的花园，并在一张长椅上坐下来。她不停地在跟男孩说着什么，似乎很生气的样子，不远处有一位头发花白的老人正在修剪灌木。

忽然，中年女人从随身挎包里揪出一团白花花的卫生纸，一甩手将它抛到老人刚剪过的灌木上。老人诧异地转过头朝中年女人看了一眼。中年女人满不在乎地看着他。老人什么话也没有说，走过去拿起那团纸扔进一旁装垃圾的筐子里。

过了一会儿，中年女人又揪出一团卫生纸扔了过来。

"妈妈，你要干什么？"男孩奇怪地问妇人，女人摆手示意让他不要说话。

老人再次走过去把那团纸拾起来扔到筐子里，然后回原处继续工作。可是，老人刚拿起剪刀，第三团卫生纸又落在了他眼前的灌木上……就这样，老人一连捡了那中年女人扔的六七个纸团，但他始终没有因此露出不满和厌烦的神色。

"你看见了吧！"中年女人指了指修剪灌木的老人对男孩说，"我希望你明白，如果你现在不好好上学，将来就跟他一样没出息，只能做这些卑微低贱的工作！"

原来男孩学习成绩不好，妈妈生气地在教训他，面前剪枝的老人成了她的"活教材"。

这时，老人放下剪刀走过来，对中年女人说："夫人，这里是集团的私家花园，按规定只有集团员工才能进来。"

"那当然，我是巨象集团所属一家公司的部门经理，就在这座大厦工作！"中年女人高傲地说着，同时掏出一张证件朝老人晃了晃。

"我能借你的手机用一下吗？"老人沉思了一下说。

中年女人极不情愿地把手机递给老人，同时又不失时机地开导儿子："你看这些穷人，这么大年纪了连手机也买不起。你今后一定要努力啊！"

老人打完电话后把手机还给了妇人。很快一名男子匆匆走过来，恭恭敬敬地站在老人面前。

老人坚定地对那个男子说："我现在提议免去这位女士在巨象集团的职务！"

"是，我立刻按你的指示去办！"那个男子连声应道。

老人吩咐完后径直朝小男孩走去，他用手抚了抚男孩的头，意味深长地说："我希望你明白，在这世界上最重要的是，要学会尊重每一个人……"说完，老人撇下3人缓缓而去。

中年女人被眼前骤然发生的事情惊呆了，她认识那个男子，他是巨象集团主管任免各级员工的一个高级职员。"你……你怎么会对这个老园丁那么尊敬呢？"她大惑不解地问。

"你说什么？老园丁？他是集团总裁詹姆斯先生！"

"啊，他是总裁？"

中午女人一下子瘫坐在了长椅上。

可能很多人会想，这个妈妈真倒霉，刚好遇到了总裁，但其实对一个母亲来说，因为自己的言行失当丢了工作事小，在孩子面前丢了作为母亲的庄重和风度事大。在她的耳濡目染下，那个男孩恐怕也难以学会在生活中尊重他人！

妈妈是孩子的第一任老师，也是孩子最亲近的人，妈妈的所作所为容易被孩子认为是合理的，并且，孩子知识经验贫乏，辨别是非能力差，对妈妈的言行会不加选择地模仿。孩子的眼睛是一个照相机，他会将妈妈的言行一一记录下来，并且作为日后生活中的行为规范。要让孩子学会尊重，妈妈必须以身作则，对身边的每一个人一视同仁。

孩子的成长过程中，不仅需要学会基本的生存技能，更要学会如何与他人相处、协作，进入社会，孩子就成了社会的一分子。作为社会成员，尊重他人，才会赢得别人的尊重。握一个手、道一声好，别人遭遇不幸时有一种同情、怜悯之心，而不是漠然、讥笑；自己收获成功不是傲然自大，而是谦逊、随和，这才是一个社会的人，才是一个真正大写的人。朋友关系的存续是以相互尊重为前提的，容不得半点强求、干涉和控制。彼此之间，情趣相投、脾气对味则合、则交，反之，则离、则绝。朋友之间再熟悉、再亲密，也不能随便过头、不恭不敬，这样，默契和平衡将被打破，友好关系将不复存在。

一个不懂得尊重别人的孩子，他对自己的言行举止肯定也不会有最基本的尊重，极端的甚至对自己最宝贵的生命也失去尊重。自尊是促使孩子不断向上发展的原动力。自尊是自信的源头，一个孩子不尊重自己，就不能激发出内心的勇气和自信，当然，也不会取得什么大的成就。屠格涅夫说过，自尊自爱，作为一种力求完善的动力，是一切伟大事业的渊源。孩子只有尊重自己，才会珍惜和看重自己，才能够实现自己人生最大的价值。

孟子说："威武不能屈，贫贱不能移，富贵不能淫"。这是作为君子应该有的气节，也是有品格的母亲应该追求的境界。只有当妈妈做到一视同仁，尊重他人，尊重自己，孩子才能把这种美德深入到灵魂中，在人生的道路上赢得更多的尊重和友谊。

中篇

育子秘诀

——如何雕刻孩子这块璞玉

第一章
早期教育成就孩子的一生

小孩子的智力水平和学习能力，往往被大人忽视了。到了学龄年纪再教育，其实已经迟了。错过了孩子智力发展最迅速以及学习最敏感的时期，用上九牛二虎之力也很难将孩子潜能开发到他原本可以达到的高度了。

教育真正重要的时期是无限接近零岁的时候

曾有一个专家做了一个实验，他把刚刚生下来且同样体重的小白鼠分成两组，一组放于较大、光线充足的空间，提供丰富的声响、有滚筒、滑梯等玩具，让小白鼠自由追逐玩耍；另一组小白鼠，则关于没有光线的笼子里，没有玩具、没有同伴，虽然提供同样的食物营养，不过经过19天的测试，智力的表现大相径庭。

结果显示，前一组小白鼠机敏灵活，人抓不住它们；后一组小白鼠，则呆滞迟缓，即使人去抓它们，也不知逃跑。抽样解剖发现，前一组小白鼠因常接受丰富的刺激，它们的大脑生出了许多突触发展出紧密的连接；而后一组小白鼠则因少受刺激，脑组织竟呈现萎缩状态，脑重量及体积也相对变小。

这个实验的结果，主要是用来印证早期教育的重要性，他认为在婴幼儿成长的过程中，一旦错过了生长发育期的发展，脑组织结构就会趋于定型，潜能发展也将受到限制，即使拥有优越的天赋，也无法获得良好的发展。

早期教育受到世界各国教育专家的认同，而早期教育应从多早开始进行呢？现在越来越多的教育家、科学家们提出了零岁教育的理念。著名生理学家巴甫洛夫有句名言："婴儿降生第三天开始教育就迟了两天。"日本儿童教育家井深大认为，过去的教育都是从孩子懂话的时候开始，但是这种教育已经迟了，因为在孩子会讲话之前，他就已经获得了比利用语言传授的知识更多的东西，因此，教育孩子的最好时机，既不是上幼儿园的时候，也不是3岁，真正重要的时期是无限接近零岁的时候。

另外，孩子婴幼儿阶段发展的特殊性也决定了早期教育从零岁开始的必要性。这些特殊性表现为：

(1) 大脑发育的可塑性。大脑的可塑性是大脑对环境的潜在适应能力，是人类终身具有的特性。年龄越小，可塑性也越大。3岁前，尤其是出生的第一年，是大脑发育最迅速的时期，零岁时受到的外部刺激，将成为大脑发育的导向。早期形成的行为习惯将编织在神经网络之中，而将来若要改变已经形成的习惯却要困难很多。

(2) 从幼儿的生理上看，两岁末大脑已基本具备了它的主要生理特征。7岁时已达成人脑重的90%。脑神经细胞的70%~80%是在3岁前形成的。因此，进行早期教育已有牢固的生理基础。

(3) 研究表明，在大脑发育过程中，有一系列的关键发展期或敏感阶段，也称学习的关键期，虽然人类的学习关键期持续时间可从出生延续到青春前期，但人类最基本的情感、行为、技能的学习关键期却开始于出生之后、三岁之前。

(4) 婴幼儿时期是智力发展的最佳时期，如果把 17 岁时所具有的普通智力水平看作 100％，那么 4 岁时所获得的智力将达到 50％，头四年所获得的智力等于后 13 年的总和。因此，早期教育在发展幼儿智力上有着关键性的作用。

(5) 婴儿一出生，他就要学会适应外界环境，呼吸、吃奶，以后还要逐步学习语言，认识事物，掌握各种动作，学会各种能力，等等，所以婴幼儿时期是一个人生活、心理发展最迅速的时期，一个人一生发展的基础往往是在婴幼儿时期奠定的。

孩子的这些特性，使 0 岁教育成为可能和必要。细心的家长只要观察孩子的表现，就会发现 0～3 岁孩子的学习能力特别强，如能及时进行教育，让孩子的潜能得到最大程度的发挥，孩子就会在起跑线上就拥有有利条件，自然他的发展就会更好。

也许有些人会质疑对那么小的孩子进行教育，让孩子的大脑吸收过多内容会不会对孩子有伤害？会不会给孩子带来太大压力？

其实，完全不用担心这些问题，因为人的潜能非常之大，心理学家有个研究，说一个人在生命结束时，他的脑细胞只用了 5％，科学家只用了 10％，这说明大脑实际上是一个装不满的知识仓库，不用担心早教会给孩子的大脑带来超重负荷。另外，婴幼儿都具有本能的自我保护能力。婴幼儿用脑不是外部压力起主导作用，而是他本能的好奇、兴趣、精神生活的追求决定的。外部的信息一旦超过他的负荷，或者枯燥乏味，他会立刻关闭"注意"的门户，从而把自己彻底保护起来。

早教不仅不会伤害孩子的大脑和身体，而且对孩子的身体发育是有利的。据资料讲，美国研究人员曾对549名天才儿童做了37项，2200次的精密身体测量，结果显示这些儿童不仅在身高与体重上较优于常态儿童，而且在各种生理品质上也有此种趋势。例如，他们的肺活量、握力、臂部、腰部及肩部各种宽度都比常态儿童要好。

所以，科学的早期教育，不但不会伤害孩子的大脑，反而能促进大脑的发达和身体的健康。妈妈们可以放心大胆地对孩子进行早期教育，也许你也可以创造出一个天才！

儿童的潜能存在着递减法则

"哈佛女孩"刘亦婷的母亲刘卫华坚持早期教育，使女儿的记忆能力明显超过了常规孩子。以"认生"——婴儿第一次表现出记忆能力——为例，刘亦婷3个月大就开始认生，比平均水平提早6个月，6个半月就出现了"理解记忆"（即明白词汇与物体的关系），而50%的婴儿则是在10个月大时出现的。当她长到1岁1个月时，记忆力的发展又出现一个飞跃。在记忆方式上，她已不再仅仅依靠人类3岁以前所特有的"模式记忆"，而是提前萌发了3岁之后才有的"分解记忆"能力。在女儿满1岁半时，妈妈就试着教她背唐诗。刚开始是两个字一段地教她，没过几天，女儿就可以流利地背诵朝辞、白帝、彩云……虽说她并不懂诗的含义，但唱歌一样的朗诵，却能使她感悟到诗歌韵律的美妙。自那以后，婷婷的学习热情一直很高，姥姥教她背了一首诗："雄鸡一唱天下白，千家万户把门开……"在从工厂的路南区到路北区的路上，她看见一只公鸡就把诗背了一遍。

经过妈妈的不懈努力，对女儿的教育也结下了满意的果实。刘亦婷聪慧过人，成绩优异，轻松考入哈佛大学。

成功专家罗宾曾说："每个人身上都蕴藏着一份特殊的才能。那份才能犹如一位熟睡的巨人，等待着我们去唤醒他。"事实上确实如此，每一个孩子身上或多或少都有一些将来可以成就大器的潜质。不仅那些聪明伶俐的孩子是这样，即便是那些相对木讷，甚至看起来有些愚钝的孩子也有这样的潜质。一旦有人将他们的潜质打开，凭借这种热忱的力量，原先人们在他们身上看到的那种"愚钝"也会慢慢消失。

而儿童虽然具备潜在能力，但这种潜在能力不是一成不变的，而是遵循一定的规则在变化。杰出的日本儿童教育家木村久一总结出儿童潜能的递减规律：比如说生来具备100度潜能力的儿童，如果从一生下来就给他进行理想的教育，那么就可能成为一个具备100度能力的成人。如果从5岁开始教育，即便是教育得非常出色，那也只能成为具备80度能力的成人。而如果从10岁开始教育的话，教育得再好，也只能达到具备60度能力的成人。这就是说，教育开始得越晚，儿童的能力实现就越少。

根据儿童潜能的递减法则，儿童智力发展的这个最佳期非常关键，它对人一生的智力发展都起着决定性作用，妈妈们千万不要错过。妈妈教育孩子的第一要旨就是要杜绝这种递减。而且由于这种递减是因为未能给孩子发展其潜在能力的机会致使潜能枯死所造成的，因此，教育孩子最重要之点就在于要不失时机地给孩子以发展其能力的机会，也就是说要让孩子尽早发挥其能力。

我们都知道，有可能长到30米高的橡树，实际上很少有长到30米的，这是由于生长环境的影响。如果橡树阳光、水肥充足，再加上精心培育，就可能长到18～21米，甚至更高可达24～27米。但一般橡树只能长到12～15米，要是环境不理想，就只能长到6～9米。同样的道理，具有100度潜能的孩子，如果放任不管，就只能成为具有20度或30度能力的人。也就是说，他的潜能只发挥出了一小部分。但如果对他进行适当的教育，他的能力就可以达到60度、70度，甚至是80度。也就是说通过教育，就可把他的潜能大部分发挥出来。

那些"神童"也好，早慧儿也好，只不过是他们的妈妈从小对他们进行了科学的早期教育，使潜质转化为了强大的学习能力，自然在后续教育中就占有极大的优势，总是跑在同龄人的前面。

格莱斯顿也说过："最有意义的事情莫过于把一个孩子内心潜藏的热忱激发出来"。每个孩子都有自己的闪光点，作为妈妈，要做到认清自己的孩子，了解孩子的长处和短处，挖掘孩子的潜能，因材施教，扬长避短，每个孩子都能成材。

所以，妈妈要努力发现自己孩子的与众不同之处，相信孩子的潜能，及早对孩子的综合潜能进行正确地评估，及早开发，将对孩子的健康成长大有裨益。

早期智力教育不等于知识教育

斯托夫人这样描述她对孩子的早期教育：我从训练五官开始对女儿教育，首先使她学会使用耳、目、口、鼻等，首先应该发掘耳朵的听力。因为对婴幼儿来说，最重要的是听到母亲轻柔悦耳的歌声，可我感到为难的是自己不会歌唱，因此就对孩子朗读诗歌，我朗诵的是《艾丽依斯》，这是威吉尔的诗，结果发现效果很好。在我轻轻地朗读时，小维尼雷特很快安静下来，听着听着就睡着了。这个方法我后来在别的孩子身上试验过多次，效果都很好。有时候摇篮曲并不能够催婴儿入睡，可是《艾丽依斯》屡试不爽。因此，在我看来这部出色的叙事诗同时也是一首了不起的摇篮曲。

斯托夫人热爱音乐，而且天才地把颜色和音乐联系在一起，开发小维尼的感官功能。她给七音分别标以不同颜色，在墙壁上用三棱镜制造出美丽的虹光，教授她弹奏乐器。小维尼长大后十来岁自己可以写曲，自娱自乐，陶冶情操。为了使孩子辨认节奏，她还教小维尼和着诗歌的音节舞蹈。舞蹈可以塑型强身，同时也增强了小维尼对于文学和音乐的通感才能。

维尼雷特还有各种各样的小球和木片，这些玩具五颜六色，很适宜孩子玩耍，她的布娃娃都穿着色彩鲜艳的服装。斯托夫人就是借用这些玩具尽力发展她女儿的色彩感觉。

蜡笔也是不可缺少的工具。斯托夫人经常和女儿做一种"颜色竞赛"游戏。游戏一般是这样进行的：她先在一张大纸上用红色蜡笔画一条3厘米左右的线，然后让女儿用蜡笔平行画出一条同样的红色线，接着她用蜡笔在自己的红色线之后接上一条青色线，再让女儿模仿自己用青色蜡笔画出一条线，游戏就这样进行下去。要是女儿没有用和自己线条相同颜色的蜡笔，女儿就输了，游戏就中止。

斯托夫人对女儿进行训练，没有任何勉强的成分。因为她知道孩子的天性，她的目的是要使孩子的潜能得以发挥。她进行各种引导，就是为了不使女儿的某种潜在素质被埋没。与此同时，孩子在这样的教育之中，总会有事可干，不会因为闲得无事犯常见的毛病，比如咬手指头、哭叫。

以上感官的开发使小维尼在学习知识前已蓄势待发，在正式开始学习语言和其他知识时，便如鱼得水。

斯托夫人的女儿3岁就开始写诗歌和散文，4岁能用世界语创作剧本，到了5岁，她的诗歌和散文开始发表在各种报刊中，并且已能够熟练地运用8个国家的语言。不仅如此，她女儿在其他方面，比如数学、物理、体育、品质等也都明显比其他的孩子优秀。这一切成就，有斯托夫人早期教育的很大功劳。

斯托夫人对孩子进行的早期教育涉及了很多方面，但是就是没有在知识教育上下功夫，因为她知道，早期智力教育并不是知识教育。早期教育应注重开发多元智能，本着兴趣、需要的原则对孩子实施启蒙教育，应创造适当条件使幼儿的各项潜能得到最大限度的发挥，为培养孩子体格健康、智力发达、品质和个性良好打基础。

卡尔·威特认为，从出生到 3 岁之前，孩子的大脑对事物的记忆不是对其特征进行了分析之后才记住的，而是在反复的观察中，将整个事物印象原封不动地作了一个"模式"印进了大脑之中。在最初，他的大脑还处在一个白纸状态，无法像成人那样进行分析和判断，因此，可以说他具有一种不需要理解或领会的吸收能力。如果不把你认为正确的模式，经常地、生动地反复灌入幼儿尚未具备自主分辨好坏能力的大脑的话，他也会毫无区别地大量吸收坏的东西，从而形成人的素质。所以，早期教育最主要的不是给孩子灌输知识，应该根据婴幼儿的心理发展规律和年龄性，把重点放在发展小儿的智力和个性品质培养上。因此，婴幼儿时期的早教内容应是以下几方面：

1. 促进孩子语言和思维的发展

科学研究证实，婴幼儿 1 岁半左右是学习语言的最佳时期。此时，小儿学说话最容易而且学得快，故应及早与孩子说话，不断与小儿进行语言交往，可以诱导、启发和促进孩子的语言发展。

2. 锻炼孩子的感知觉

婴幼儿感知觉器官的功能，需有相当的刺激输入和锻炼，才能得以发展。妈妈可以向斯托夫人学习对孩子的感官功能的培养方法，利用声音、语言玩具、实物等刺激其听、视、触、嗅觉等，促使他们在看、听、闻、摸、尝的过程中，获得各种印象，让孩子对客观世界有正确的初步认识，这对婴幼儿智力发展有着重要意义。

3. 呵护孩子的好奇心

婴幼儿时期的孩子，对周围的一切都感到新奇，妈妈应珍惜孩子的这种求知欲望，一定要耐心而热情地倾听，认真简要而正确地回答小儿提出的每一个问题，从而满足他们的要求。

4. 对孩子进行正确的价值观传输

小孩子不会分辨大人对她说的话是好是坏，他只会照单全收、不加筛选地进行记忆，所以，妈妈一定要注意对孩子的思想教育，要经常将真善美的品德告诉他，虽然他不懂其中的意思，但他在记忆中会慢慢形成这样的价值观，这对孩子的一生有着良好的意义。

音乐是启迪儿童智慧的"心灵体操"

大家都知道，爱因斯坦是一位伟大的科学家，而不知道他还是一位出色的小提琴家。但是，爱因斯坦之所以能对人类科学做出巨大贡献，与他学习小提琴有着密切的关系。因为音乐无处不在的张力能使人的想象力和理解力发挥到极致。

母亲的音乐熏陶开启了爱因斯坦的智慧之门，爱因斯坦的母亲是一位很有修养的女性，她爱好音乐，在钢琴和小提琴上都有很深的造诣。她是爱因斯坦的小提琴老师，也是他的音乐启蒙老师。6岁时，爱因斯坦学拉小提琴，他的妹妹玛雅学钢琴。稍后，爱因斯坦也学习弹钢琴。随着时光的流逝，爱因斯坦对音乐渐渐入迷。7年之后，当他懂得了和声学和曲式学的数学结构，当他体会到演奏莫扎特作品的技巧和奥妙时，琴弦和心弦一起共鸣了，他一生中的科学和艺术生涯也开始了。

母亲的音乐教育不但开启了爱因斯坦的音乐之门，给了孩子一个多彩的童年，也为他开启了一个智慧之门。爱因斯坦是伟大的，他的母亲也是伟大的，她母亲的伟大就在于用适当的方式对爱因斯坦进行早期智力的开发，并为爱因斯坦的成功奠定了根基。

一位哲学家曾经说过："音乐往往能够造就出天才"。当然，他所说的天才已经超出了音乐的范畴。但值得肯定的是，音乐可以改变一个孩子的气质，因为孩子在接受音乐教育中不仅为他成为音乐家提供了可能，也为其他方面的发展创造了极佳的条件。

孩子与音乐似乎天生就有不解之缘，而音乐又是启迪儿童智慧的"心灵体操"。聪明的妈妈可以充分挖掘和启发孩子与音乐的"缘分"，使他在音乐艺术美的熏陶中，获得一生受用不尽的财富。

音乐是表情达意的艺术，孩子恰恰具有喜形于色、感情外露的特点，他们很难用言语表达他们内心的情感和体验，而音乐中强烈的情绪对比、鲜明的感情描写正抒发了孩子的内心感受，所以孩子发自内心地喜欢音乐，以至于常常情不自禁地随着音乐手舞足蹈。

天真活泼的孩子对音乐天然的热爱和向往让我们确立了这样的信念：每个孩子都需要音乐，每个孩子都有接受音乐文化的愿望和要求。音乐的启蒙就是满足并激发孩子对音乐的兴趣，发现和培养孩子的音乐才能。孩子需要音乐，那么音乐对于孩子生活和成长又有什么意义呢？

一直以来科学家们不断研究音乐，认为它是一种心智"体操"，像玩乐器、练唱、听音乐等可增强身体协调力，对时间的敏感、专注的能力、记忆的技巧、视觉听觉的发展以及对压力的控制都有帮助。音乐与右脑有关，而右脑掌管情绪与感觉，所以玩乐器、唱歌、听音乐有助于宣泄情绪。当我们听到好听的音乐，情不自禁就会手舞足蹈，这是因为音乐刺激了我们的脑神经，使我们活跃起来。日本著名的音乐家和教育家铃木镇一，在自己的教育法著作《早期教育与能力培养》一书中特别强调了兴趣对于孩子的重要性。他提倡用音乐开启孩子"天才教育"的大门，曾轰动了全世界，而且他用实践证明了才能不是天生的，任何一个孩子，只要教育得当就能成功。

音乐对心智发展的积极效果，从很多实践中都可以看出来。实验证明音乐会刺激新生儿的活动。美国耶鲁大学小儿科仙思教授的一项研究指出，接受有规律的音乐刺激的新生儿，他们的智商比未接受刺激的高出 27 ~ 30 点。

在生活中，只要运用恰当的方法，在恰当的时间引起孩子的注意，一定会让孩子为了快乐而欣赏音乐。培养孩子去欣赏音乐，能懂得欣赏音乐的人是幸福的。但是妈妈该如何让孩子跟音乐进一步接触呢？

(1) 要为孩子创造一个音乐环境：随着人们生活水平的提高，现代化的视听设备逐渐进入了家庭生活，这为培养孩子的音乐素质，提供了物质条件。妈妈可以充分利用音响、卡拉 OK 机和电视机，对孩子进行音乐教育，此外，妈妈还可以带孩子参加一些音乐会、文艺晚会，或者利用茶余饭后的空闲时间，让孩子表演一些音乐节目，也可以亲自为孩子演唱、演奏一些音乐节目。孩子稍大一点，妈妈还可买一些乐器，让孩子学习演奏。

(2) 培养孩子在音乐伴奏下做动作、跳舞：在音乐伴奏下做动作或跳舞，可以发展孩子的节奏感，陶冶性情。妈妈可以教孩子按音乐节拍、速度和情绪做动作，通过运动神经去感知和表现音乐艺术美。

(3) 教孩子唱歌：妈妈教孩子唱歌，应当从教歌谣开始。让孩子从掌握语言的韵律节奏，逐步过渡到掌握音乐的韵律节奏。

总而言之，就像诗人歌德曾说过的那样："为了不失去神给予我们对美的感觉，必须天天听点音乐……"因此，让孩子接触音乐是很重要的。虽然不能让每个孩子都成为音乐家，但至少可以培养孩子的气质，也丰富了他们的艺术生活。

天才是天生的，更是要培养的

爱因斯坦小时候，智力发育的水平看上去不如一个普通同学，诺贝尔奖的获得者也未必都像是居里夫人那样聪颖早慧。孩子的天分是妈妈无法决定的，但是人脑的复杂性和多用性远远超过任何一台电脑，关键在于妈妈如何来挖掘。

经过研究，我们发现，天才的秘密就是智力潜能比一般人开发得多一些早一些而已。所有天才的诞生都源于为他们的幼年生活安排了丰富多彩的环境，并获得了较好的心灵阳光。莫扎特出生在一个音乐世家，很小的时候就听他父亲演奏音乐，在他的周围有许多乐器。他 5 岁时就拉小提琴并为小提琴作曲，8 岁时谱写了他第一部交响音乐。那么，怎样使用环境法开发孩子的潜能呢？如何为孩子的心灵生活布置充足的阳光，培植健康的情感世界，让孩子始终有个好心情？

也许我们都有这样的经验，在镜子前对自己笑一笑，心情马上就会变为愉快轻松。对于大脑的潜能开发也一样，如果能不断输入积极的意识，让意识通过下意识对大脑提出要求，潜意识就会调动体内的潜能发挥作用。比如有一道题苦思冥想都没有做出来，在睡前将有关的条件、信息输入大脑，第二天早上起来，说不准答案就出来了。

1960年，哈佛大学的罗森塔尔博士曾在加州一所学校中做过一个著名的实验。新学年开始了，他让校长把3位老师叫进办公室，对他们说："根据过去3年来的教学表现，你们是本校最好的老师。为了奖励你们，今年我们特别挑选了3班全校最聪明的学生给你们教。这批学生的智商比同龄人都要高，希望你们能有更好的成绩。"

老师们表现出掩饰不住的喜悦，临出门时，校长又叮嘱他们："要像平常一样教他们，不要让孩子或者妈妈知道他们是被特意挑选出来的。"

一年之后，这3班的学生成绩是整个学区中最优秀的，比平均分数高出两三成。这时候，校长才告诉老师们真相，这些学生并不是刻意选出来的，而只是随机抽选出来的普通学生。3位老师万万没有想到事情是会这样的，只有归功于自己教得好而已。而校长又告诉他们，其实他们也是随机抽选出来的。

这就是因为暗示发挥了重要作用，这三位老师觉得自己很优秀，充满了自信与自豪，工作中自然就格外卖力，学生知道自己是个好学生，肯定会努力学好，结果就真的全部优秀起来了。

所以，妈妈在开发孩子智能的时候，要给予孩子积极的暗示，不断给他输入积极的意识，才能激发出孩子的正面能量。尤其是越小的孩子，他越需要妈妈的鼓励，需要妈妈的信心来转变为自己的自信。

爱因斯坦既是一个思想家，也是一个科学家，同时还是一个脑袋里充满符号和公式的数学家，是个左脑发达、逻辑思维极强的人。但是，爱因斯坦的思想，首先来自于图像和形象，以后把它们翻译成词句和数学符号。他创立相对论不是通过他的理性思维，他没有坐下来用纸用笔一步步算出这个理论，最后得到符合逻辑的结论。理论的诞生是在一个夏天的下午，当爱因斯坦躺在长满青草的山坡上，透过微闭的眼睑，凝视着太阳，玩味着通过睫毛而来的光线，当时他开始想知道沿着光束行进会是什么样子，他就像进入了梦境一样，躺在那里，让他的思想随意遨游，幻想着他自己正沿着光束行进。突然他意识到这正是刚才所探求的问题的答案，这个意识正是相对论的精髓。

孩子的想象力总是无穷无尽，这是多么宝贵的资源，妈妈千万不要遏制孩子的想象，而是要支持甚至引导孩子积极遐想，也许，就能培养出下一个爱因斯坦！

我们经常从照片上看见以万里晴空为背景的冰山景观，相信每一个人都会发出由衷的赞叹：啊，多美啊！而我们所看到的，也只不过是浮出水面的一部分而已。到底是什么造就了冰山之美呢？是那部分隐藏在底下的冰山。堆积在底下的冰山，渐渐地就会将一部分瑰丽地呈现在水面上，在这里"呈现"是不可预料也不好控制的，而"堆积"是完全可以通过计划实现的，而事实上，实现了"堆积"，"呈现"就是不速而至的。"堆积"要计划，包括有目的、有计划、有准备、有措施、有安排、有步骤、有反复、有效率、有节制、有效果。

所以，激发孩子的潜能，妈妈还需要计划，应该给孩子的心智发展提供良好的渠道和方法，使其充分发挥自己的潜力。

总之，天才之所以是天才，不仅仅是因为他有天生的智能，更是因为他后天得到了更早更好地开发。卡尔·威特认为：孩子的天赋当然是千差万别的，有的孩子多一点，有的孩子少一点。没有一个孩子生下来就注定会成为天才，也没有一个孩子注定一生庸碌无为。一切都取决于后天的环境，取决于后天的培养和教育，父母则是其中最为直接和关键的因素。所以，只要妈妈早期教育培养方法得当，每一个孩子都可能成为天才。

第二章
跟上孩子成长的脚步

孩子一刻也没有停止过长大，而妈妈却往往对此后知后觉。与其说是妈妈忽视了孩子的成长，不如说她不舍得孩子羽翼日渐丰满疏远自己，或者是不知道如何处理孩子青春期的叛逆和疑问。然而，孩子终究是要长大的，妈妈只有跟着长大，才能引导孩子更好地成长。

"青春期叛逆" 不可硬碰，要巧妙应对

最近一段时间，丽群的父母正在为养了一个"叛逆"的女儿而烦恼呢。自从上了初中后，丽群就越来越不听话了，经常顶撞父母，有时候父母说多了，她甚至理都不理他们，一副大义凛然的样子，随他们怎么说，自己依然我行我素。

丽群活泼好动，讲哥们义气，她特别喜欢打乒乓球，一有空闲，她就会和几个小伙伴一起去体育场打球。

丽群的父母对她给予了很大的期望，希望她现在一心学习，以后能考上好的大学，有出息。因此，平时对丽群要求很严格。

丽群上小学的时候，比较听话，爸爸妈妈不让她玩耍，她只好

忍着。但她在课下喜欢上了乒乓球运动，偶尔征得父母的同意才去打打球。

上初中后，父母为了让她能够考进重点中学，对她的管教更严格了。但是，丽群觉得自己打球并没有影响学习，慢慢地，她与父母的矛盾越来越大，而且还常常闹情绪，打乒乓球的次数反而越来越多了，学习成绩也是直线下滑。

这天，丽群放学后打了一会儿乒乓球才回来，一进家门，父亲就质问她："你又去打球了？"

丽群只是看了父亲一眼，没吭声，径直朝自己的房间走去。

"我跟你说话呢！你这是什么态度？真是越大越不懂事了！"

"我怎么了？不就是打了会儿球吗？小时候我什么都听你的，可现在我长大了，我有自己的主见，你别再干涉我，行不行？"

"你还有理了？看看你的学习成绩，直线下降，还不都是因为天天打球？"爸爸越说越气。

"我打球从来就没耽误过做作业，也没有影响到学习！"丽群理直气壮。

"还不承认，那你的成绩怎么越来越差了？"

"还不是你们整天这不行，那不许的，我心情不好，学不下去！"说完，丽群走进了自己的房间，重重地关上了门，门外，是目瞪口呆的父亲。

孩子的成长过程中，都会经历一个青春叛逆期，这一时期的孩子缺乏适应社会环境的独立思考能力、感受力和行动能力等；另一方面，初步觉醒的自我意识又会支配他们强烈的表现欲，即处处想体现自己，想通过展示自己和别人不同来证明自己的价值。所以，这一时期的孩子喜欢打扮得与别人不一样，喜欢做一些引人注目、与众不同的事情，也爱说一些令人吃惊的话，希望别人能够对他们另眼相看，这都是他们想要的效果。如果了解到这些，相信很多妈妈就不难理解孩子这一时期的叛逆表现了。

此外，妈妈的教育方法不当，也是孩子产生叛逆的主要原因。比如有的妈妈不尊重孩子的人格，随意对孩子进行讽刺、挖苦、辱骂，甚至殴打，伤害了孩子的自尊心，从而使孩子对妈妈产生对抗情绪。

有的妈妈对孩子的期望值过高、要求过严，当孩子不能达到妈妈的要求时，妈妈就大发雷霆，甚至打骂孩子。

还有一些妈妈由于缺乏心理学知识，不按照孩子的心理发展规律施教，说话过头，爱摆长辈的架子等，这些妈妈不注意的行为，都会导致孩子的叛逆。

同时，有压制就会有反抗、就会出现叛逆，反抗是孩子成长的轨迹，是孩子正在顺利成长的标志。当孩子出现反抗言行时，做妈妈的应放心：孩子在顺利成长呢。

可是令人遗憾的是，很多妈妈一遇到孩子反抗，马上就发起火来："怎么能对妈妈这样，真是不听话的坏孩子。"

反抗，是与自我成长同步出现的自然表现，对于孩子的发展来说是不可欠缺的重要一环，所以，欧美等国非常重视孩子说"NO（不）"，在反抗期里不会反抗的孩子才是令人担心的。

对于孩子的反抗和叛逆，妈妈不要与之对抗，而要巧妙地应付。

这时妈妈最好能记住 4 个关键词：一是"无知"，二是兴趣，三是放权，四是温柔地坚持。这是许多心理学专家共同的认识。

所谓"无知"，就是装傻，不要老觉得自己懂得孩子的一切，总是告诉孩子怎么做，而应启发他，放手让他自己做，让他体会到成功的喜悦。有的妈妈事业非常成功，这对孩子会构成压力，不如你装傻，让孩子能感到他自己的成功，对超越妈妈更加有信心。

所谓兴趣，就是不要只对孩子的学习感兴趣，要学会对他生活中的所有细节感兴趣。比如他爱唱歌，你要学会欣赏他。赏识对孩子的健康成长是非常有效的法宝。

所谓"放权"就是适当地让"权"。在孩子慢慢长大时，他需要在家庭里寻找自己的空间，这时候妈妈要学会闭嘴。比如孩子有自己的生活方式了，和原来你给他的生活方式发生冲突了，不要那么快就做出反应，可以用"等待的艺术"。

所谓温柔地坚持，就是有时候对原则性的问题要坚持，但要讲究方法。比如孩子早恋或者整夜泡网吧，这时候你就要温柔地坚持，说这样做对你是不好的。记住，是对他不好。不要强制他不出去，但只要他出去，你就用这种方式来提醒他，这些行为对他的身体、品行和人生发展，都可能会造成很大的负面影响。

妈妈们应记住，4 个关键词的核心是平等。

反抗期的孩子是最难"对付"的孩子，不过妈妈不必担心，孩子就是在反抗中逐渐长大，完善自我意识，形成独立人格，为将来适应社会打下基础的。你只要巧妙地应对孩子的叛逆，帮助他们化解青春期可能会遭遇的危险，让他们少走点弯路，就是对青春期孩子最好的照顾了。

给孩子上性教育课吧，让孩子正视身体发生的变化

张老师正在讲台上滔滔不绝地向同学们讲述八国联军侵华的史实，却发现林扬有点心不在焉，完全没有在听讲。课后，张老师将林扬在课堂上的表现告诉了班主任秦老师。秦老师也发现了，最近两个星期，林扬上课经常走神，脸色也不是很好，还经常称不舒服请假。秦老师几次关心地询问林扬是不是生病了，要不要去看医生，每次林扬都涨红了脸，连连摇头。秦老师觉得很奇怪，以前他可不是这样的。最近是怎么了？秦老师决定找林扬的父母谈谈。

林扬的父母跟老师说了一些林扬在家的反常表现：经常锁着房门不让父母进去，甚至还自己洗床单、被套，这在以前可是从来没有的。细心的秦老师似乎明白了什么，追问道："你们是否发现林扬有过遗精的现象呢？"林扬的父母愣了一下，不好意思地说："上个月我给他叠被子时，发现床单上有块污渍，就告诉了他爸，他爸还笑他早熟呢。"

"那当时林扬怎么样？"秦老师又问。

"很不好意思，什么话也没说。唉，现在的孩子，才12岁，就……"妈妈觉得不可理解。"那他锁门，洗被子是不是那次遗精以后的事情？……"

在秦老师的追问下，林扬的母亲才意识到儿子最近一段时间表

现异常的原因了。

"那你们给他讲过这方面的知识吗？"秦老师问。

"这还要讲啊？以后慢慢地不就知道了。再说，这些事怎么对孩子讲啊？"秦老师愣住了。

其实，父母不知道的是，最近一段时间，林扬已经陷入了深深的自责之中，他为自己的行为感到很愧疚，有一种罪恶感，甚至，他觉得自己很下流……

生活中，可能很多青春期的男孩都有过林扬的这种困惑和烦恼，包括一些青春期的女孩，她们也有自己的苦恼和困惑。

青春期是儿童发育到成人的过渡阶段，是人体成长发育的最后阶段，伴随着青春期的到来，孩子们的身体快速发育成长，他们会产生一连串的疑惑、烦恼、惶恐，甚至伴随着严重的焦虑，影响了他们的日常学习和生活。而青春期的烦恼与焦虑正是由于缺乏适时、适当的性教育引起的。

据调查，很多家庭中妈妈从来不对孩子进行性教育，当被好奇的孩子发问时，妈妈不是躲躲闪闪，引开话题，就是自作聪明地欺骗孩子。对孩子的生长发育、身体变化进行因势利导的性教育，这原本是十分自然的事情，但在很多家庭却被忽视了。林扬第一次遗精后，爸爸竟然笑话他早熟，这使得他产生了强烈的耻辱感，似乎性的发育是他的罪过。试想，如果林扬的父亲不是嘲笑（当然，这种嘲笑并无恶意），而是拍着儿子的肩膀说："儿子，爸爸恭喜你，你已经是个男子汉了。"同时，再给他讲一些有关的知识，那么林扬的心态就一定不是罪恶感、挫折感，而可能会是骄傲感和成就感，更不会产生一系列的烦恼、困惑和焦虑了。其实，不仅青春期孩子需要性教育，性教育应该开始于儿童和少年时期，妈妈应积极参与性教育，使孩子从小就得到正确的性教育。

心理学家认为，要根据孩子的年龄对孩子进行不同内容的性教育。5岁前的孩子，性教育主要是解决性别认同问题。妈妈应在洗澡、睡前很自然地让孩子认识自己的身体，不要有意地把女孩扮成男孩或将男孩扮成女孩，以免孩子从小对自己和他人形成性朦胧意识，从而影响孩子的性取向。

6～10岁的孩子，这期间妈妈要对孩子进行较系统的性知识教育。此时，可借助自然现象、童话、寓言故事，采用比喻的手法把性教育内容穿插其中。家长可以从植物开花结果讲起，接着联系到人的性与生殖。可以这样说：一位漂亮的姑娘春天把西瓜种子种到地里，之后她每天都给种子浇水、施肥，种子慢慢长出绿色的叶子。到了夏天，叶子上结出了小花，花谢了就变成了小西瓜，小西瓜越长越大就变成熟透的香甜可口的大西瓜，这个时候就可以摘下来吃了。妈妈在肚子里也种了一粒种子，在妈妈的精心哺育下，这粒种子慢慢长大，十个月后就变成了一个小人，然后妈妈就把他摘下来，于是这个世界上就出现了活蹦乱跳的宝宝。

11～15岁的孩子，这期间妈妈应主动关心询问孩子的性困惑。有一位男孩睡觉时遗精，他认为是生病了，非常担心，又不好意思告诉妈妈，自己在书摊买来不健康的书籍想从中找到答案。一日，妈妈整理他的房间时，发现孩子在看一些不健康的书籍，妈妈这才意识到该告诉孩子一些正确的性知识了，但是妈妈都不好意思向他讲性知识。最后，这位妈妈买来有关青春期性知识的书籍放在孩子的桌上，并通过书信的方式与孩子交流。

需要强调的是，对孩子的性教育，要及早开始，要有系统、循序渐进地进行。另外，性教育的重点，并不只是传授与性有关的知识而已，更要培养对性的正确认识和健康的性心理，包括可以正视自己身体的变化，大方、坦然地讨论与学习，要及早让孩子明白，性并不神秘，更不污秽。

"性教育"问题上——保护闺女，尊重儿子

怎样进行性教育？这是目前很多妈妈和老师都在讨论的问题。

在我国，怎么和孩子说性还是一个大疑惑。其实，妈妈也不用特意说这个问题，但是，一旦妈妈觉得孩子可能对这个方面有疑惑的时候，就要勇敢地正视孩子的成长和变化。

性教育方面出现的问题，在男孩和女孩的身上表现是不一样的。一般来说，女孩的问题，主要是自我保护。

有的女孩比较开放，也从来没有注意过性别差异的问题，可能有的早熟的男生对她有意思，她却没有防备，这时候就需要妈妈站出来引导她。对于年龄较小的女孩，有的妈妈交代的是"凡是衣服遮住的地方，都不能给别人看，更不能让别人碰"，这样孩子就有一个执行标准；年龄较大的女孩子，这时候要和她交流孕育生命、十月怀胎的辛苦和不

易，更要让她知道，性关系对女性的影响，需要承担的东西，所以女孩子要保护好自己。

对女孩的建议，不仅光说"你是个女孩子"。这样一句没有下文的话，并不能让她明白性别差异，所以还是要讲清楚：女性是容易受伤害的，身体上的伤害和心理上的伤害，都会影响她的一生。

相对于女孩来说，男孩更早熟一些。男孩之间，会私下讨论"性"这个话题。其实，只要男孩是一个正常的青春期少年，他就肯定会充满好奇心，会想弄明白性这个东西，所以，妈妈可以早早告诉男孩一些"性"知识，这样他会少走一些弯路。

成绩一向优异的小迪在初三上学期突然间成绩滑坡，他甚至都不想上学了。起初，妈妈还以为是学习压力大，他不适应初三生活。但3个月过去了，小迪的成绩仍然没有提升，班主任老师给小迪的妈妈打来电话，说小迪上课总是走神，有点精神恍惚。小迪的妈妈这才着急了，周末下午，妈妈想和小迪好好谈谈。没想到她还没张口，小迪就先哭了，一边哭一边说：妈妈对不起，我是个道德败坏的坏男孩。

听儿子这么说，妈妈愣住了。她急忙把他抱在怀里，对他说："宝贝，快告诉妈妈发生了什么事，不管如何，妈妈都会原谅你的。"

小迪说："自从初二下学期，我就经常陷入了性幻想之中。一开始，还能控制自己的理智，但逐渐就控制不了了，每时每刻都在想那些事，像强奸啊什么的。其实我也不想这样，可就是不知道怎么控制自己的思想。"

小迪说，这件事让他非常痛苦，他觉得自己年龄这么小，就想这些肮脏的事真的是道德败坏。他不敢对任何人说，他怕所有的人都瞧不起他。

　　其实小迪现在的状况是典型的强迫症倾向。但是如果他能够很早就知道一些关于"性"的知识，也就不会因为"性心理"被压抑而产生这种状况。性既不神秘，也不龌龊。妈妈不要让孩子觉得这是特别下流的东西，如果妈妈和孩子都能平静地对待它，把它当成饥饿、疲乏这种生理现象来认识，孩子的身心发展将会更加健康。

　　妈妈千万不要再把男孩们当成小毛孩，对男孩的关注也应注意提醒他们注意身体，不要太过疲劳，或者在选购内裤的时候，尽量选择较为宽松的等，而且要及时对男孩进行较系统的性知识教育。妈妈要避免直接、详细地介绍人类的性行为，否则很容易给这个年龄的男孩带来心理阴影。在性知识教育的同时，还须进行性道德教育，避免男孩因为性冲动犯下过错。

　　妈妈不要等到男孩问才说关于性的一些问题，可利用身边或社会上发生的事件与男孩一起进行讨论。并且告诉男孩一些自己的想法和正确的性观念。如果一味在男孩面前遮掩性这个问题，只会越变越糟。

正确看待孩子青春期对异性的好感

无论在老师还是在父母心中，楠楠都是一个聪明、文静、听话的女孩。从小学三年级开始，楠楠就开始担任班长，一直到现在。班主任老师夸她有写作天赋，她的每一篇作文都被老师当作范文在班上朗读。不仅如此，楠楠的其他各门功课的成绩也很优秀，还很乐于助人。班主任老师经常夸她是老师不可多得的好帮手。但是，自从班上转来一个帅气阳光的男孩后，楠楠似乎发生了一些微妙的变化。

楠楠变得爱打扮了。以前一直梳着马尾辫的她现在经常变换自己的发型，一向穿着朴素的她现在每天都要换一套衣服。而且，任课老师也反映，最近一段时间，楠楠上课总是走神，经常一个人发呆，最严重的是楠楠的学习成绩出现了明显的滑坡。

让人感到奇怪的是，楠楠以前很讨厌上体育课，也不喜欢运动，经常找各种各样的借口逃避体育课。但是最近一段时间，每次体育课，楠楠都很认真，并且经常去操场做运动。

班主任老师对此感到很纳闷，一面找楠楠谈话，一面把情况反映给了楠楠的父母。楠楠的父母最近也发现她有些反常，经老师这么一说，更觉得吃惊。经过一番观察，父母得出了一个结论：楠楠早恋了。

于是父母对楠楠进行了一次严厉的"审问"，并且毫不留情地翻看了楠楠的书包、书柜、书桌等，终于在一个抽屉里发现了"罪证"——一本厚厚的日记。在日记里，楠楠用细腻的笔触描述了她对新转来的那个男孩子的爱慕之情以及她现在面临的烦恼。

楠楠的父母在看完这篇类似"情书"的日记之后，大惊失色，又气又恨："你小小的年纪，怎么写出这种东西！我们都替你感到害臊！"一向温顺听话的楠楠这次一反常态，涨红了脸申辩道："我做错了什么？我就是喜欢他！他是我心中的偶像！"说完，跑进了自己的房间。

早恋是青春期性成熟过程中，两性之间出现的一种过度亲密的互相接近。现在大多称早恋为"交往过密"。少男少女因为性发育开始成熟，本能地产生互相爱慕的情感。有的人表现为独自的单相思，有的人突破了羞涩的束缚，递纸条、约会、互相倾吐爱恋之心，借口互相帮助，形影不离，个别人则还发生进一步的两性接触。

异性相吸是自然界中的普遍现象，处于青春期的孩子，随着性意识的渐渐觉醒，朦胧中对异性产生了渴望和爱慕，这也是一件很自然的事情。每个妈妈都是从青春期走过来的，回忆一下我们的青春时代，就该知道中学生这种情愫的萌发是多么正常，所以，妈妈在孩子情感发育时，为什么不可以给出更多的理解呢。

确实，早恋是现在令妈妈头疼的一个问题，并且有低龄化的趋势，不闻不问吧，总觉得会耽误孩子的学业；过问吧，又怕逼急了，孩子离家出走、自杀，造成不好的后果。很多妈妈就是想阻止孩子早恋，却用错误的方法推了孩子一把，使孩子不由自主地掉入漩涡中。

有的妈妈小题大做，把孩子的正常交往，如相聚聊天、结伴游玩、一块儿看书、做作业等误认为是早恋，从而加以指责；有的妈妈错误地认为，男女同学在一起就必定是"早恋"，因而忧心忡忡，疑神疑鬼，不让孩子随便出去，平时也不让孩子与异性同学结伴回家；有的妈妈发现孩子跟异性有一些接触后，竟然对孩子冷嘲热讽或者破口大骂，甚至带有侮辱性字眼。这些妈妈用成人庸俗的观念，把孩子们一些原本正常的行为恶俗化了，人为地制造了孩子的罪恶感。她们本想阻止孩子早恋，但殊不知很可能把孩子推向了早恋的深渊。

因为人是容易受到暗示的，如果一个人总是被别人暗示他的品性有问题、行为不端正，他就会不断地自我否定，认为自己就是这样的"坏"人，久而久之，他也许就真的变成人们所说的"坏"人了。

所以，妈妈千万不要认为孩子的早恋很可怕，不要破坏孩子内心的纯洁。妈妈应该相信自己的孩子，在一般情况下，男女同学的接触是很正常的，不敢接触才是不正常的。如果发现孩子与某一异性交往过密，就应该巧妙地加以引导，让孩子懂得，异性交往不要太集中于某一个人或一个小范围，否则会失去与多数同学、朋友接触的机会。

孩子的早恋往往与生活单调、没有目标有关，因此，帮助孩子寻找生活的意义，可有效地转移孩子对"早恋"的注意力。

此外，妈妈应该多和孩子沟通、交流，组织一些家庭集体活动，增进妈妈与孩子之间的感情，以便能及时了解孩子的心理和情绪变化，及时教育；同时也能增强家庭对孩子的吸引力和妈妈在孩子心目中的威信，避免孩子过多地从外界寻求关怀与理解。

和早恋孩子讨论一下什么是爱情

处于青春期的孩子容易情感冲动，十分脆弱，情绪又不稳定，考虑问题简单，很少顾及后果，这种心理状况使早恋好像天边的浮云一样变幻莫测，早恋者的情绪也会随之波动起伏，彼此间感情往往反复无常。

长期以来，妈妈一向把早恋视为洪水猛兽，过度担心早恋会影响孩子的学习和成长，所以只要一有点什么风吹草动便会全家出动制止，尽管采取种种措施严加防范，但早恋还是不期然地走近了正处于花季的少男少女。

有些妈妈从不对孩子讲述有关"爱情"的话题，对其讳莫如深，似乎"爱情"两个字是病毒、是细菌，捅破了这层纸，孩子就会被感染，失去抵抗力。可是，妈妈越是遮着藏着，孩子越是容易出问题。其实，这就是妈妈忽视对孩子进行"恋前"教育的结果。

但是，要和孩子谈"爱情"这个话题时，妈妈多少都会面临尴尬，主要原因大多是："不习惯"。一位妈妈面对早恋的宝贝女儿，突破了"不习惯"的局限，语重心长地告诉孩子妈妈眼中的爱情：

"女儿，听别人说你谈对象了，呵呵，其实这并没有什么不正常，但我需要提醒你的是，现在还不合时宜。因为你目前正处于人生的关键时刻，正需要投入全部的精力在学习上，所以就不妨等过了这一关再说。

况且，人是要经历不同的人生阶段的，而阶段最多、变化最快的恰恰是这五六年光景。随着学习环境和工作环境的变化以及你自身素质的提高，你对异性的认识和审美也会发生变化。所以现在如果过分投入就有很大的盲目性，当然，我不是否认初恋的纯真和圣洁，关键是当它影响了你现在的学习进程时就应该注意到这个问题了。

我们再说说择偶标准吧，先说我们的态度，我和你父亲一样会尊重你的选择，但是我们会给你提出一些建议来供你参考。但可能你们会被男孩英俊的外表所吸引从而忽略了内在的修养，这是比较危险的，因为英俊只会是暂时的，外在的，时间一久你的审美也会疲劳的。当两个人真正走在一起的时候便会更在意对方的脾性是否会合乎自己的意愿，而脾性的层次则是由修养的程度所决定的。

随着人生境界的转换，每上升一个层次你都会发现并结识更好的异性，而这时你最早的初恋就可能会因为时间和空间的转换而成为你感情的牵绊。所以，作为母亲我建议你把目前可能存在的爱情淡化为友情先珍存起来，等到你学业有成、工作稳定，特别是待到你的情感世界丰盈成熟时再来审视这份感情，如果依然难舍就再续前缘，如果感到似过眼云烟那就让它随风散去吧……"

困惑、羞涩的女儿，听到这些脸上露出了真诚的微笑，似乎明白了很多……

这位妈妈诚恳的话语点拨了处于爱情幻想中的女孩，让她对人生与爱情有了重新认识。这位妈妈的做法很值得借鉴，妈妈们应该像她一样，多和孩子沟通、交流，了解孩子的心理和情绪，及时帮助孩子找到解决问题的方法。适当的时候，和孩子讨论一下什么是爱情，以帮助他形成正确的爱情观。

另外，当发现孩子早恋的时候，妈妈不应该大惊小怪，反应过激，要知道，青春期的孩子对异性产生好感是再自然不过的事情，对异性有好感，并不意味着一定会早恋，一定会有什么恶果。

而有些妈妈就错误地认为，男女同学走得近一点就是"早恋"，所以她们不让孩子与异性同学一起结伴上下学，更不让孩子出去跟异性同学玩，经常打电话追问孩子的行踪，有异性同学打电话来也不让孩子接……妈妈们的做法势必会对孩子造成心灵伤害，孩子既觉得没有受到尊重，又觉得自己的自由被剥夺了，于是孩子必定会对妈妈产生反感。

其实，早恋是防不胜防的，妈妈不可能24小时都能控制住孩子，而且有的孩子因为厌恶妈妈的控制，故意反叛地早恋起来。所以，对待孩子与异性同学的接触，妈妈应该给予引导而不是盲目禁止。当妈妈发现孩子与某个异性同学交往过密时，应该处变不惊地巧妙地加以引导，让孩子把注意力转化到其他方面上来。

有位妈妈的做法就十分高明：

一次，这位妈妈偶然发现女儿早恋，对此，她不仅没有斥责女儿，反而比过去更加关心女儿，知道女儿喜欢语文，便鼓励她去参加年级朗诵组，还启发女儿写日记，写作水平得到了迅速的提高。

于是，女儿的习作频频出现在班级的墙报上。女儿开始由一对一的交往转向了集体，常为班级做好事，而且在一次班干部选拔中被同学们推荐当了生活委员。

期末考试时，女儿的成绩比以往有了很大的进步，进入了年级前5名，还被评为了三好学生。

现在，学习、集体活动几乎成了女儿的主要活动，当初对异性的爱慕心理也渐渐平息、淡化。

早恋是现在令妈妈头疼的一个问题，也是妈妈需要用智慧来面对的事情。如果妈妈置之不理，或者反应过激的话，都是对孩子不负责。妈妈们摆正自己的心态，适当地和孩子讨论一下爱情，是引导孩子形成正确爱情观的最佳途径。

"异性效应"对培养青春期孩子是有益的

心理学家曾做过一个有趣的试验：将男女中学生按性别分成两组劳动，发现两个小组的纪律都比较松散，劳动效率低，男生追打现象严重，女生懒散无力。后来将男生、女生混合分为两个小组，情况就大有改观：两组同学劳动热情高涨，互帮互助，自发开展了劳动竞赛。劳动结束时，同学之间还打趣地说："今天的活儿干得可真快啊！"

这就是心理学中所讲的"异性效应"，也就是我们平常所说的"男女搭配，干活不累"。与异性朋友结交，在一定程度上可以激发一个人的潜能，使其更敏捷、更加活跃。有男女一起参加的活动，一般人会感到心情更愉快，表现得也更起劲、出色。

所以，妈妈并不要过度排斥男女一起参加活动，反而要顺势利用"异性效应"来培养孩子。因为"异性效应"对培养青春期孩子是极其有益的，具体表现为以下三个方面：

1. 利用"异性效应"取长补短，丰富完善个性

进入青春期的男孩往往性格开朗、勇敢刚强、果断机智，不拘泥于细枝末节，不计较点滴得失，好问、好动、好想。当然也有的男孩粗暴骄横，逞强好胜。女孩往往文静怯懦、感情细腻丰富、举止文雅、灵活、委婉，让其与异性同学交往，往往易于发现对方的长处和自己的不足，更有利于相互学习、取长补短，丰富完善自己的个性。

2. 利用"异性效应"提高学习与活动效率

男孩在思维方法上偏重于抽象化，概括能力较强；女孩在思维方法上多倾向于形象化，观察细致，富有想象力。男女同学在一起学习，就可以相互启发，使思路更加宽阔，思维更加活跃。思想观点互相启迪，往往能触发智慧的火花。

3. 利用"异性效应"提高自我评价的能力

青春期，由于性意识的发展，孩子们往往会非常留心异性同学（特别是自己喜欢的异性）的一颦一笑、一举一动，喜欢对异性同学评头论足，同时也很重视异性对自己的评价。某班的宿舍卫生总是搞不好，不少学生不叠被子，床铺弄得乱七八糟，老师想了个办法，每个学生都在自己的床上贴上名字，检查卫生时，男学生检查女生宿舍，女学生检查男生宿舍。由于谁也不想在异性面前丢丑，因此宿舍卫生大为改观。

由于"异性效应"，青春期的男女学生都希望引起异性的关注，都希望能以自己的某些特点或特长受到异性的青睐。这种相互激励就成为男女同学发展的动力和"促进剂"。如果妈妈意识不到与异性交往的这种积极作用，一味将异性交往认定为有害的、可耻的行为，不仅会伤害到孩子的心灵，而且也不利于孩子的发展。所以，当孩子与异性同学交往时，妈妈不妨顺势利用"异性效应"的积极作用来培养孩子，同时，也向孩子传输正确的异性相处观，让孩子坦然地、正当地、很好地与异性相处。

青春期"坏孩子"不是扶不起的烂泥

进入青春期的小栩让妈妈非常头痛，初一那年，他迷上了电脑，天天放学回家就坐在电脑面前，妈妈不让他玩电脑，他就趁妈妈不在的时候玩，或者是跑到网吧去玩，妈妈对他管得越严，他就越想方设法跑去玩，甚至有的时候不上晚自习，悄悄跑去网吧玩电脑，妈妈知道后，火冒三丈，跑到网吧把小栩揪出来，破口大骂："你这个不争气的孩子，你是想气死我啊！不好好学习，居然敢逃课来玩游戏，这到底是有什么好玩的？""妈妈，我不是玩游戏，我是在学东西！你不要污蔑我！"小栩又气愤又委屈。"还敢不承认，要不是玩游戏，你会这么痴迷吗？走，回家去！以后再也不准玩了。"俗话说：上有政策，下有对策。妈妈不让小栩玩电脑，小栩还是会想尽一切办法偷偷玩，妈妈很伤心，感慨怎么以前那么乖、那么爱学习的孩子现在这么坏、这么贪玩呢？

5年后，小栩在反叛妈妈的过程中长大了，考上了全国最好的动画设计专业，他的作品获得了很多奖，而妈妈也终于知道了原来孩子真的不是在玩电脑，那个"坏"孩子不是真的坏！

青春期的孩子都会表现出较强烈的叛逆来，不听妈妈的话，什么事都要自己来，想要追求自己喜欢的东西而不是妈妈给他安排的东西。这是正常的，也是妈妈应该为之高兴的，因为孩子在逐渐脱离对妈妈及重要亲人的依赖，走向独立的自己。但是，有些妈妈却认为叛逆的孩子不听话、不好好学习，就是"坏"孩子，就是没有前途的孩子。这绝对是错误的，实际上孩子在该叛逆的时期叛逆是件好事。因为如果孩子以正常的速度走完这个叛逆期之后，他们在18岁左右形成一个完整的"自我"，有了这个"自我"，他们就会有较强烈的欲望，明白自己想要什么不想要什么，从而不需要监督也能有很强的动机去追求一些人生目标，因此，这些孩子长大后往往会取得很多惊人的成就，也会过上更精彩的生活。

所以，青春期"坏孩子"不是扶不起的烂泥，相对应的就是，青春期"好孩子"不一定是真的好！

因为如果妈妈长期把孩子管教得太死，一直让孩子按照他们的安排来学习和生活，压制孩子的叛逆，导致孩子的青春期就没有一个正常的"叛逆期"，这样看上去妈妈是培养出了"好"孩子，但却不知道这些"好"孩子身后潜伏着3大恶果：

（1）叛逆期推迟，叛逆更严重。18岁以前没有叛逆的孩子，不是说明他不会叛逆，只是说明他的叛逆被压制推后了，当长期被压制的叛逆爆发后，往往会造成更严重的后果。

（2）缺乏生命力，缺乏生活的热情。"好孩子"的学习生活都是妈妈安排好的，他们不用也不能自己选择自己的人生，他们做什么事情都只是为了妈妈开心而不是为了自己快乐，所以，什么事情都不能让他们兴奋，他们自然缺乏生活的激情。

（3）缺失自我，庸庸碌碌过一生。青少年都会经历叛逆期的痛苦磨炼，才能甩掉对妈妈的依赖，形成独立的人格，思考自己的人生，从而追求自我的实现，生命才变得完满，然而那些没有叛逆的孩子，即是错过了对自己人生的思考，找不到自我，于是只有庸庸碌碌地过一生。

所以，孩子进入青春期后，妈妈不要再把"乖""很听话"还当作优点来看，也不要把"不听话"的孩子当成"坏孩子"，更不要认为青春期"坏孩子"无可救药，也许，他们才是充满生命力、充满能量的潜力股，只要妈妈有足够的耐心和宽容，给以正确的指导和帮助，他们一定会给你足够的惊喜！

小时候太"听话"的孩子长大了更难管

君君是家里的独子，是爸爸妈妈的心肝宝贝，他圆圆的脸蛋上嵌着黑溜溜的大眼睛，笑起来还有个小酒窝，属于让人一见就喜欢的孩子。但是，君君更让爸爸妈妈喜欢的一点是，君君从小就很听话，虽然是个小男孩儿，但是君君却不怎么淘气，就算偶尔小小放纵，爸爸妈妈一瞪眼，他就收回了。然而，谁知这个又乖又可爱的小男孩上初中以后竟然变了一个人，他不再对爸爸妈妈的话百依百顺了，随时会顶嘴，有时还吵得很凶，他还经常和其他同学一起出去玩，爸爸妈妈一跟他说道理，他就关上门不听……爸爸妈妈很头疼，为什么君君突然不再听话了啊？

一个乖巧可爱的孩子为什么突然变了，变得连父母都不认识了？回顾四周，这种小时候顺从、长大后难管的事例，恐怕不在少数，只是经常被简单的"青春期叛逆"一言以蔽之。其实若是深究的话，我们会发现，孩子越大越难管的原因正是"小时候太乖了"！

"听话，乖"，是妈妈的口头禅，每个妈妈都期望自己的孩子少让大人操心，一切听从大人的吩咐，按照大人的意图办事，遵守纪律，听老师的话……这样的孩子当然很受妈妈和老师的喜爱。但是，妈妈们可曾想过，听话的背后却很可能埋藏了一粒"压抑"的种子。

孩子能听进妈妈的建议当然是好事，但是过于听话的孩子可能不仅仅在"听取建议"，同时也可能在压抑自己。怎么分清"听话"与"压抑"的区别呢？如果孩子"听话"是建立在孩子有话不敢讲，有想法不敢付诸行动，特别在乎大人的脸色的基础上，那就是一种"压抑"了。

为了得到妈妈的疼爱、老师的赞美，孩子宁愿牺牲自己的主张，就算是违背自己的意愿也在所不惜。"听话"久了，孩子便会慢慢习惯按照大人的指示办事，一旦失去成人的指点，就会茫然不知所措，没有自己的独立见解，不敢坚持自己的立场。

正常情况下，每个青春期的孩子都会表现出较强烈的叛逆来，不听妈妈的话，不想要妈妈为自己安排，什么事情都要自己来。他们这样做，只是为了脱离对妈妈及重要亲人的依赖，走向独立的自己。当孩子正常地走过这个叛逆期之后，他们在 18 岁左右就形成了一个完整的"自我"，他们逐渐开始了解自己是一个什么样的人，而这也意味着他们终于成了一个成年人了。有了这个"自我"，他们就会有比较强烈的欲望，知道自己想要什么不想要什么，从而不需要别人提醒和监督，他们自己也能有很强的动机去追求自己的人生目标。

另外，妈妈们还要知道，长期要求孩子听话可能会使他们失去独立性。可能妈妈觉得孩子对他们有依赖性是件好事，但妈妈却不知道自己正把孩子培养成一个没有责任感、不懂得用头脑而且怯懦的人，这类孩子在长大后也难有作为。

有关心理学家做过一个分析和研究，结果表明：当被问及"你要喝什么"时，回答"我想喝咖啡，不想喝红茶"的人比回答"什么都可以"的人，将来在社会上更有作为。

因为他遇事有自己的主张，而且敢于表达自己的主张。因此，为了孩子的健康成长，应该培养孩子的独立精神，允许孩子有自己的主张。一般欧美国家妈妈的做法是：鼓励孩子发表自己的意见，提出自己的要求；当孩子的意见和要求不妥当时，立即给予纠正，并说明妈妈不能满足孩子要求的原因。

研究证明，"淘气"的孩子往往比"听话"的孩子更有创造力。其原因就是淘气的孩子接触面广，大脑受的刺激多，激活了孩子的智能。

因此，给孩子一点"不听话度"对提高孩子的创造力是有好处的。

创造需要一定的时间和空间。如果把孩子捆得死死的，一点自由支配的时间都没有，他们怎么去进行创造？因此，亲爱的妈妈，别再强求你的孩子太听话，别让听话变成懦弱和平庸的前奏。请你给孩子更多的时间和空间，让他们去"淘气"，让他们自由自在地去遐想、去活动、去创造。

第三章
走出坑人的教育误区

教育误区是必然存在的，但是却不一定能被妈妈们发现。如果你有意无意地走进坑人的教育误区中，你的孩子就或多或少要遭殃了。所以，妈妈们请睁大眼，迈开教育孩子路上的"坑"，让孩子的成长少走一些弯路。

"慢养"才能育出"大器"

源源今年上三年级，班里很多同学都在外面上了特长班，妈妈开始着急了：以前一直觉得让孩子自由成长对她比较好，所以孩子长这么大还没上过任何特长班呢，但是，不能让孩子与其他孩子相比时落后啊！而且，我家宝贝那么聪明，一定会赢过他们。所以，妈妈一口气给孩子报了绘画、钢琴和英语3个特长班，周一周二学英语，周三周四学绘画，周五周末学钢琴。突然间暴增的学习让源源一时手忙脚乱，无从适应，被强逼着学了1年，什么也没有学好，源源的学习成绩反而下降了，她也不像以前那么快乐活泼了，开始对什么都提不起劲来。

正如源源的妈妈一样，决定一时抛弃功利心去教育子女，可能并不难；但是要自始至终地秉承关照孩子心灵的教育思想，对很多妈妈来说并非易事。因为非功利的教育首先关注的是孩子本身的成长节奏和需求，可能不会让孩子在短期内有学识上的进步。而社会会给妈妈诸多压力：特长生潮流、高分名校情结、就业竞争激烈等，在讲求效率和速度的现实面前，妈妈未必能够稳住阵脚。

我们相信，心胸的大小决定一个人事业的大小。在决定孩子心胸和视野的宽度和深度的少年时期，孩子最大的收获关键不在于有多少荣誉证书，而是学会今后做学问、做事情的道理和方式。因而早期教育就需要妈妈接受一个事实：非功利教育的成果不会立竿见影，但是它是成功的基础。

据统计，1500 ~ 1960 年间，全世界 1249 名杰出科学家和 1928 项重大科研成果的创造者在年龄上有一个阶段划分：科学创造的最佳年龄区是在 25 ~ 45 岁，最佳峰值年龄在 37 岁前后。更为精准的数据是，在诺贝尔奖的大部分获得者中，物理学家的平均年龄为 35 岁，化学家的平均年龄为 39 岁。

当然，科学家只是社会精英中的一类，但他们也是最能代表智商的一类人。普通人对科学家总有一种崇拜的情感，因为他们代表人类的思维精英，可以办到我们办不到的事情。上面的统计显示，科学家往往在青壮年才能够有所成就，还有更为典型的"大器晚成"的例子。

1859 年 11 月 24 日，达尔文在伦敦出版《物种起源》时，已 50 岁。他最早的科学著作，也是在 45 岁以后才开始出版的；易卜生的《玩偶之家》，在他 51 岁享誉世界；美国遗传学家摩尔根，他的基因学说是在 49 ~ 60 岁之间完成的，67 岁才获得诺贝尔奖……这样的事实让我们看到，人生在青少年时期可能没有什么重大的收获，命运的转机很可能在你已经成年、感到没有希望的时候到来。但是机遇只眷顾有准备的人，达尔文 22 岁就离家登上"贝格尔号"去环球科考，易卜生 21 岁开始自费发表戏剧作品，摩尔根 20 岁时以最优异的成绩获得了动物学学士学位，24 岁就获得了博士学位。他们从来没有放弃早年的努力，才会有后来的成功。

但是还是有很多人相信一个早年毫无建树的人，可能会在中年之后突然发迹，因而孩子的早期教育也并不是非得严格进行不可，如果孩子有"造化"，富贵荣华也会找上他的。这其实是妈妈推脱教育责任的一种思想，有哪位真正成功的人不是从一点一滴开始准备的呢？

司马迁的《史记》、宋应星的《天工开物》历时 18 年；司马光的《资治通鉴》历时 19 年；达尔文的《物种起源》历时 22 年；法布尔的《昆虫记》、李时珍的《本草纲目》历时 30 年；谈迁的《国榷》历时 37 年；马克思的《资本论》、摩尔根的《古代社会》历时 40 年；歌德的《浮士德》前后有 60 年……

这些著作问世的时候作者已经走进暮年，但是他们都是从很早就开始积累创作，经历了漫长的酝酿过程，到晚年才最终完成，绝非突然被幸运眷顾而成名。如果仅仅看到别人取得的成绩，而割断他们努力的过程，相信出人意料的奇遇，那他的一生也将在等待中度过。同样，如果放弃孩子教育的黄金时段，而盼望他日后自己成才的妈妈，也往往不能如愿。

成功不能一蹴而就，成才如是，教育亦如是。妈妈教育孩子的时候要有信心，只有相信孩子会向我们期待的方向发展，看到孩子未来的发展，才会有耐心，教育的目标也才能慢慢实现。妈妈的耐心有多大，孩子的进步空间就有多大，记住："慢养"才能育出"大器"！

教育不能抢跑，学习不能揠苗助长

最近，思琪上课没精打采，注意力涣散，总打瞌睡，成绩有下滑趋势，班里学生也反映说她平时不怎么爱和大伙玩。其实，思琪刚入学时成绩在班里也比较好，比较懂事、守纪律，和同学相处融洽。而自从她的妈妈给她加负后，她就像变了一个人似的。

妈妈每天给他安排了大量的课外作业，还给她报了奥数、剑桥少儿英语等好几个学习班，她完全没有休息和玩的时间，每天晚上都要念书做作业到11点多，这自然会使平时课堂表现和学习成绩受到牵连。

其实，才1年级的孩子，妈妈还是不要给他们过重的学习负担，否则只能将孩子稚嫩的肩膀摧垮。

妈妈都希望自己的孩子在班上名列前茅，于是超前教育十分盛行。但其实，教育抢跑本身是一种犯规的行为，违背的是孩子成长发育的自然规律。抢跑式的超前学习必然导致过量学习，给孩子造成过大的负担，对孩子身心的发展都带来巨大的伤害。正如上文中的思琪一样，过重的负担剥夺了她健康成长的权利，也剥夺了她应有的快乐！

一位儿童教育专家曾说过——智能的总量是相对守恒的，一种智力类型能量的升高必然伴随着另一种智力类型能量的降低。而这种降低往往体现在心理调节能力上。处于超前教育环境下的孩子，他们往往会有超人一等的优越感，而且周围亲戚朋友的夸赞和表扬也会令孩子产生虚荣心。于是，对于这样的孩子，求知不再是为了满足自己兴趣，而是为了超越别人、赢得荣誉。这些"聪明绝顶"的孩子，日后跻身于"尖子"之中一旦没能继续出类拔萃，或完成了辉煌的学业而在工作中无醒目的建树，眼前的境遇和昔日的辉煌形成的强烈反差，必将引发出各种不良的心理反应，甚至导致严重的后果。儿童的学习是由玩耍、休闲、睡眠所构成的，如果全是"学习"，没有玩耍、休闲、睡眠的消化、反刍时间的话，学习的过程就不可能完成。玩耍不仅是学习重要的组成部分，同时本身就是一种很好的学习过程。过量学习也必然占用玩耍、休闲、睡眠时间，必然对良好性格的养成、心理及生理健康带来影响。因此，多给孩子一些睡眠、玩耍的时间，减去过量的学习负担，反而有利于学习成绩和分数的提高，知识的增长，也有利于身心健康。我对妈妈的建议是，超前教育可以进行，但一定要适度，千万不能揠苗助长，事倍功半。

当然有一些超前教育的孩子取得了良好的成绩，但是这并不代表抢跑式教育就一定适用于每个孩子。孩子都有自身的特点，有些孩子5岁就具备了各方面的能力，比如自理能力、和小朋友交往的能力等，那么，提早入学也无可厚非。可有些孩子即使已经到了入学年龄，却还没做好准备。对于这样的孩子，如果妈妈让他学一些在他能力承受范围之外的东西，负担过重，不仅会影响孩子的身体健康，还会给孩子留下心理上的负担，使孩子长时间处于紧张、沉重的心理状态，对孩子的健康成长极为不利。

所以，妈妈要扪心自问，孩子做好准备了吗？自己做好准备了吗？如果妈妈都没足够的自信，那么，最好还是让孩子遵循规律顺其自然地成长。

其实，知识的学习积累不急，成绩的高低都是暂时的，只要让孩子不断地感受到学习的快乐，保持浓厚的学习兴趣，那么今后他一定会是优秀的学生。所以，妈妈们不如适当给孩子"减减负"，毕竟，让孩子有个快乐的童年，才是最重要的。

真正爱孩子的妈妈记住：教育抢跑不是成功的捷径，揠苗助长结不出学习的果实！

不要急于取得教育成果

几乎所有的妈妈都会特别关注孩子的学习成绩，认为学习成绩的好坏就是成功与否的标志，认为只要孩子取得了好的学习成绩，教育就取得了好的成果。这是不正确的，妈妈应该把眼光放得更长远一些，重视孩子学习能力的培养，而不要老盯着眼下的考试成绩。一个学习成绩好的孩子不一定有很好的学习能力，但一个有很好学习能力的孩子将来迟早会有所成就，而且可以为他的长期发展打下良好基础。

人生是一条漫长的学习之路。根据专家的分析：在农业时代，一个人只要7～14岁接受教育，就足以应付往后40年生活之需；在工业时代，求学时间延伸为5～22岁；而在目前的知识经济时代，由于科技急速发展，每个人必须随时接受最新的教育。要在这个社会中成功，不只靠一张名牌大学的文凭，而取决于不断持续的终身学习能力。

有报道说，在英国大约有65%的毕业生毕业后从事的职业与他们在学校所学的专业无关，这种现象在我国也许更为突出。这是为什么？原因就在于当今世界信息和知识飞速增长，使灌输知识为主的教育已无法面面俱到。针对世界发展变化的重大趋势，著名的未来学家托夫勒在20世纪90年代早期预言："未来的文盲不再是不识字的人，而是没有学会学习的人。"1999年，美国教育部组织了16位著名的心理学、认知学专家，对近30年来学习科学领域大量涌现的研究成果，进行了两年的研究分析，他们得出的结论是："20世纪90年代以来，学习理论和教育研究发生了人类有史以来最本质与革命的变化。"并指出：新世纪的教育的目的要从传统的灌输知识为主的模式，转变为"帮助学生发展必要的认知（智力）工具和学习策略，使他们能够获得创造性地思考有关历史、科学技术、社会现象、数学和艺术时所需的知识，使他们成为自我维持的终身学习者。"

有位社会学家曾经调查了几十位诺贝尔奖获得者，发现这些获奖者大多认为，学生学习时期，并不一定是班上学习成绩最好的，而是掌握了学习方法，这是学生获得学习能力的重要环节。伟大的科学家爱因斯坦回顾自身的教育经历，在一篇《论教育》为题的讲话中曾深刻指出："发展独立思考和独立判断的一般能力，应当始终放在首位，而不应当把获得专业知识放在首位。如果一个人掌握了他的学科基础理论，并且学会了独立地思考和工作，他定会找到他自己的道路。"

事实证明，学习能力是决定孩子能否成为优秀人才的决定因素。学习型组织的倡导者、《第五项修炼》的作者彼德·圣吉说过："因为未来唯一持久的优势，是有能力比你的竞争对手学习得更快"。为了让我们的孩子在未来社会立于一席之地，妈妈有责任培养孩子一生受用的学习能力，并着力培养孩子学习的浓厚兴趣。教育应该从教孩子接受知识，转向教导孩子全方位地学习，以满足终生学习和成长的需要。在注重孩子学业成绩的同时，妈妈更应关注全面培养孩子的学习能力，让孩子享受学习的快乐，拥有成功的学习经验。

心理学家研究发现，学习能力应该是学习时的注意力、写作业的速度和正确率、听课能力、计算能力、书写能力、语言表达能力，还有情绪的稳定性。这些能力又是相互影响的，上课注意力与前庭平衡能力、大脑对身体的控制能力、智商、情绪等因素都有关。写作业速度与智力、注意力、手眼协调性、情绪因素有关。听课能力与脑—耳协调训练有关。计算和书写能力与脑—手—眼协调训练有关。语言能力与本体感训练有关。情绪稳定性与触觉训练有关。也就是说，孩子的学习能力都是可以通过专门的训练提高的。因此，我们妈妈千万不要因为孩子的成绩不好而不分青红皂白地批评他，如果盲目地以分数为标准来判断孩子的学习，那很容易让孩子的着眼点放在应付考试上，最终影响孩子的求知欲和学习兴趣。

妈妈不要用催促的态度让孩子提高成绩，这会让孩子很反感，此时他不喜欢妈妈干涉他的生活，凡事喜欢按照自己的计划进行。

教育成果不是一朝一夕所能够显现出来。在对孩子的教育中，妈妈千万不要急于求成，无论孩子学得快一点或是慢一点都无关紧要，孩子取得的成绩是高还是低也不是最关键的，在这个时候妈妈最应该重视的是孩子学习能力的培养，"放长线，钓大鱼"，才能取得更巨大的教育成果。

教育只怕停，不怕慢

媛媛的妈妈看到朋友小汪教育孩子学习钢琴很成功，于是下决心效仿。在这股热情推动下，她买来了许多教孩子钢琴的书，帮孩子订了学习钢琴的计划，甚至给孩子请了私人的钢琴教师……她以为自己用心培养，孩子会乖乖学，很快也会出好成绩。可实际上远不是这样。媛媛本来是对钢琴有一定的兴趣，一开始很认真地跟着老师学习，但是妈妈太急于求成，让老师加大教学力度和程度，并逼着媛媛增加练习时间，过大的压力让媛媛透不过气来，慢慢地，她开始排斥学琴，甚至干脆就不学，大人越教她越不学。老师教她弹钢琴的时候她总是心不在焉，眼睛望着别处，无论老师怎样用心教她，她总是似懂非懂。而且有时费了很大劲教会了她，可第二天就忘得精光；有时她还故意和大人作对，经常不愿意练习钢琴，有时赌气弹琴时就胡乱弹琴，气得妈妈打了她两巴掌，结果媛媛更加讨厌学习弹钢琴。就这样，媛媛学了半年，她的钢琴水平不见提高多少，叛逆心却大大加重了，与妈妈之间的矛盾也积得很深了。媛媛的妈妈又是惋惜又是失望，感叹地说："唉！我那孩子天生不是那块料，怎么教也不行！算了，不管她了。"最终，媛媛的钢琴学习就伴随着妈妈和孩子的两败俱伤结束了。

媛媛学习钢琴失败，主要归咎于妈妈太心急。"恨铁不成钢"这种急于求成的心态在不少家庭中都或多或少地存在着，尤其是现今社会竞争压力日益加剧，很多家庭只有一个孩子，妈妈就把所有希望寄托在独生子女身上，所以妈妈在教育孩子的过程中，难免因为过于担心而操之过急，事倍功半。

然而，"心急吃不了热豆腐"，妈妈为孩子的成绩干着急是没有任何好处的，只有平复急躁的心态，"不怕慢"，循序渐进，倾注全部的爱心、采取适宜的教育方法，才能提高孩子的学习成绩。另外，一旦确定了教育孩子的指导思想和方法，就"不要停"，应持之以恒地坚持下去，不教出成果决不罢休。不要像媛媛的妈妈一样胡乱教学，又过早放弃。

教育最基础的也是最重要的，就是根据孩子自身特点，找到教育孩子的最好方法。小孩子天性贪玩，心性不定，兴趣爱好很多，特长天赋也深藏于体内，所以，对妈妈来说，必须下一番苦功夫对孩子进行透彻的观察和研究，摸索出适应孩子特点的教育方法。但是，有的妈妈在领悟一些正确的教育思想，学会了一些有用的教育方法后，却总是"三天打鱼，两天晒网"，不能持久地坚持下去，甚至放弃对孩子的正确教育，又或者因为孩子进步太慢或教育效果不显著，就轻易放弃或停止对孩子的教育，这些都是不成功的教育，对孩子会有严重的不良影响。所以，妈妈在拥有正确的教育方法后，必须具有耐心、信心和决心，坚持科学地、实事求是地教育孩子，帮助孩子受到良好教育的熏陶，是妈妈重要的责任。

教育家叶圣陶先生曾说过："教育是农业而不是工业"。众所周知，农业的最大特征不是产出速度快，而是产出物品对人类来说是最基本也是最重要的需要。教育既然是"农业"，就不能强调速度，而是强调产出物，妈妈就不要强调孩子学东西多快，而是要注意孩子真正学到了多少；教育既然是"农业"，妈妈就要做好持续投入，慢慢收获的心理准备，农民要通过一个生长季的时间对作物悉心培育，才能在收割时节取得收获，妈妈也要对孩子进行孜孜不倦的长期教育，孩子最终才能学到东西；另外，农民不能指望"农作物"一夜丰收，妈妈也不能指望孩子一时就成大器，必须要有等待孩子进步的耐心，如果妈妈没有恒心，放弃耕耘和培育，半途而废，就很可能导致孩子停止进步甚至不进而退。因此，妈妈要坚持耕耘，持续培育，孩子才会一点点成长，最终"结出果实"。所以，对孩子的教育，只怕停，不怕慢。

教育孩子不能太实际

如果一个孩子成天到晚只是想着自己的一己之私，无论任何事只要自己合适就可以了，那么他将永远不会成为对别人有用的人。而一个对别人没有用的人，将注定不会赢得别人的尊重，也不可能为社会做出贡献。要培养一流的孩子，就要为他树立一流的观念，所以，妈妈对孩子的教育不能太实际。

中国的很多妈妈在孩子一出生的时候就给孩子灌输功利的"一流意识"，让孩子从小就树立这样的理想：考上一流的大学，大学毕业之后可以进入一流的工作单位任职。而如果孩子从小就被妈妈灌输这样的实用哲学，就可能会导致孩子读书一切都是为了实际利益，他所有追求理想的空间都被封杀，从而，大大限制了孩子人生的发展空间，这样的做法，不知会有多少天才被埋没。

而在美国的学校，尤其是小学，特别强调个性、创造力和与人和谐相处能力，因为他们认为这是决定孩子未来发展潜力的主要因素。所有的老师和妈妈都不认为学习成绩是教育最重要的衡量标准，老师在教学中始终不把孩子学习成绩的排名情况公布给妈妈和孩子，成绩只是老师自我检验教学成果的一种方式。同时，老师在准备测验的时候不要求学生在考前做任何准备，也不要求学生做课前预习或是课后的复习，一切都在课堂上完成。老师甚至不希望妈妈给孩子安排舞蹈、音乐之类的课外学习，他们认为孩子放学之后就应该出去玩或者是参加社区活动。如果要学习舞蹈或是音乐之类的课程，也完全是孩子凭自己的兴趣来做决定。学校规定家庭作业只是把课堂上没有完成的功课做完，一年级的家庭作业时间不超过半小时，以后各年级逐渐增加 10 分钟，但是最多也不能超过 1 小时。

另外，在美国"常青藤"这样的精英学校，可以发现，那些不实用的专业往往是最具有人气的，人文学科一直呈现出越来越热的趋势。例如，在著名的耶鲁大学，在近 20 几年来，历史一直都是头号热门专业；

而在哈佛大学，最热门的是政治学专业。这种现象在我国来说，是想都不敢想的。大多数妈妈都会让孩子选择热门专业，而孩子在妈妈的教育和社会的影响下，也都抢着学习可以快速带来实际效益的知识。这对于孩子自身来说，是一种伤害；对于国家来说，是一种损失；对于教育来说，也是一种亵渎。

教育的目的在于培养对社会有用的人，学生不仅要掌握知识，更重要的是要掌握获取知识的方法，发展自己独特的个性，开发创造力，培养积极融入社会的能力。学生最重要的也不是要掌握多少知识，而是要培养对学习的兴趣和学习的能力，使孩子在今后成为终身学习者。最为关键的是，如果孩子缺乏参与社会的能力，发展成孤僻自闭的性格，不仅对自身发展不利，还可能对社会构成危害。

教育孩子不一定要有同样的一个模式，只要方法得当，相信孩子终归会成为"一流的人"。美国迪士尼公司的前总裁迈克·埃斯纳，他在大学期间学习的是英语和戏剧，从来没有学过工商之类的实用课程，然而却一样可以做到总裁。他对大学教育有自己独特的理解，他认为："学习文学对人的帮助是难以置信的，因为人在做生意的时候总是免不了要处理人与人之间的关系。但是通过学习文学可以帮助你了解如何说能够打动别人。"对大学教育比较理解的中高产阶层明白这个道理：来到大学学习是为了接受宏观而抽象的通才教育，扩宽对生活视野的认知，加深对人本情怀的理解，更好地从宏观上来把握世界。当受教育者有如此之高的着眼点，高度已经在众人之上，还怕将来不会成为成功的人么？还怕将来无法解决生活的实际问题么？

对于成功的理解，不同的人有不同的认知，但至少妈妈灌输给孩子的不是那样实际就好。一个人如果一天到晚只想着自己的那一点点个人需求，一定不可能成为对他人有利的人，也注定不会赢得别人的尊敬。那些只顾自己的人，又能体会多少人生的乐趣呢？

一个具有大气魄的人，必然会具备"家事，国事，天下事，事事关心"这样的素质，将来不仅可以成功，甚至可以成为领袖。"一流的孩子需要一流的观念"，确实如此，而那些期望孩子长大赚钱的妈妈，最后可能会所获无几了。

教育，讲究的就是说理

路路在爸爸妈妈眼里是个特别淘气的孩子，他总是和大人过不去似的，你叫他往东，他偏要往西，你叫他认真写作业，他偏偏在那里瞎混时间；你让他在学校老实点，他三天两头被请家长；你让他少玩一点儿，他想方设法跑出去玩，而且一玩就玩到很晚……"你这个孩子怎么这么不听话？快点！给我滚回家写作业！""你把这个错字抄 10 遍，给我好好记住了！""你下次再在学校闯祸，看我不收拾你！"……爸爸妈妈不知道怎么教育他，就采取绝对强硬手段来镇压路路的恶行，但是，这对路路起不了多大作用，最多被打被骂的当时路路会收敛一点，一会儿，这些警告就消失踪影了。于是，路路还是一如既往地惹祸，爸爸妈妈还是一如既往地头疼……

很多家庭和路路的家庭一样，采用的是权威式的家教，认为教育就是命令和要求。而懂得教育艺术的妈妈，在教育孩子的过程中会通过阐述道理来使孩子心悦诚服。

妈妈"直言不讳"的批评往往会给孩子咄咄逼人的感觉，使他难以接受而引发对立情绪。相反如果掌握说服的技巧，就能够让孩子心悦诚服地接受妈妈的观点，教育效果事半功倍。

所以，真正智慧的教育，即是正确的说理教育。妈妈在教育孩子时，不要一味使用命令的方式，而应以友善的态度启迪孩子，把道理给孩子讲清楚。如果妈妈在教育方式上不肯用心，只凭一时的喜怒赞扬或批评孩子，或只是发号施令甚至是训斥，孩子一时会被妈妈的威风吓住，作听话状，但他再稍大一些，则不会买妈妈的账了。我们不要苛求孩子立刻听从妈妈所说的每一句话，而是把道理讲清楚，给他们适当留有思考及情绪准备的时间，当他们感觉到妈妈所说的是对的，会更加尊敬妈妈，同时也可以有效地防止孩子的"逆反心理"和对抗情绪。

要对孩子进行说服教育，那么，如何跟孩子进行成功的沟通和说服他呢？教育专家给妈妈的建议如下：

（1）建立一种积极健康的家庭沟通交流关系，应该改变妈妈是决策人，孩子是接受者这样僵化的家庭角色的分配。妈妈在家庭教育中应该懂得进行角色交换，每一个家庭成员都可以对他表述的愿望予以积极的辩解。当孩子能够参与讨论家里的通常是成年人的问题时，他们方才能够更好地理解妈妈。

（2）做孩子的工作要细心，要顺着孩子的天性进行引导。妈妈和子女多沟通，应当把孩子看成一个独立的个体，给孩子一个私人空间。有进步及时表扬，提要求合情合理，纠过错讲究人情。

（3）跟孩子讲的道理应合情合理，不能信口胡说，也不能苛求孩子，因为大人信口胡说，孩子是不会服气的，大人的要求过分苛刻，孩子是办不到的。

（4）跟孩子说理时，孩子会为自己辩解，妈妈应给孩子申辩机会。申辩并非强词夺理，而是让孩子把事情讲明白。让孩子申辩，他才会理解你的道理，使教育收到良好效果。

（5）要了解孩子的情绪状况，因为孩子和大人一样，情绪好时比较容易接受不同的意见，不高兴时则容易偏激，所以跟孩子讲理，要在其情绪较好时进行。

（6）要孩子遵循的"道理"，妈妈首先要严格执行，再给孩子讲道理时，才能理直气壮。如果妈妈总找借口不去上班，在孩子赖着不上学时，给孩子讲"遵守纪律"的道理，岂能有说服力？

（7）适当的妥协会使孩子更容易听得进你的道理。通情达理的妈妈在孩子看来，比只会说"不许"的妈妈要可亲可敬得多。

（8）说理时不要一味采取教训的态度，"你必须……""不要……"。换种方法，及时肯定孩子做得不错的地方，"上次在姑姑家做客，你表现就不错，这次要再进一步啊。"孩子总是喜欢听肯定、表扬的话，及时鼓励他，会激发他的上进心，给他讲道理，他也能听得进去。

教育，讲究的就是说理。只要妈妈用对了说理方法，把正确的道理说给孩子听，自然会取得很好的教育效果。

利用非正式的机会教育孩子

老师在阅读活动中，教小朋友认识红、黄、蓝3种颜色。活动一开始的时候孩子们看图的兴趣比较高，能够跟着老师进行阅读，不过能坚持到最后的小朋友就很少了。在和孩子进行分析颜色的时候，只有小部分的孩子能够根据分析说出颜色，大部分的孩子对于突如其来的3种颜色感到不知所措。当天，老师和孩子们一起在院子里玩滑梯的时候，老师指着滑梯说道："看，红色。"接着，有个小朋友就跟着喊："红色，这是老师说的红色。"通过这样的方法，让那些原本分不清颜色的小朋友分清了红色。老师则是利用了一个很好的观察机会，将教学转移到课堂之外，利用孩子在生活中的常识与兴趣，又对孩子们进行了颜色的巩固。后者可以这样对孩子们说：请穿红色衣服的小朋友先玩滑梯吧，其他的小朋友排在后面。

教育不仅仅只能在教室里进行，教育可以发生在任何时候，而发生在非正式教育场合的教育，其实能更好地教育孩子。因为非教条的教育，往往更能深入孩子的内心，为孩子所接受。所以，妈妈何不如在孩子的日常生活中，利用非正式的机会让孩子学习、锻炼。在生活中挖掘一些教学内容，不仅可以让孩子们感受学习的快乐，并且使其在生活中得到发展。

对于孩子来说，只有他自己的生活才是对他有意义的、真正的生活。所以在生活教育的过程中，不应该让孩子成为别人生活的旁观者、评论者和模仿者，而应该成为他自己生活的实践者、观察者、体验者和反思者。在日常生活中到处都有学习的机会，生活中随处都有最好的教具。妈妈应该随时把教学与实际生活联系起来。只要把学习渗入到日常生活中，不论多少都会有效果。通过这些无意识之中提供的学习机会，无论多么讨厌学习的孩子，也一定会逐渐对学习产生兴趣的。

利用非正式机会对孩子进行技能教育：

比方说，妈妈想和孩子计划组织一次家庭旅行计划，引导孩子对地理产生兴趣。为了完成出游的计划，就需要翻地图、查找参考书，将这些事情交给孩子来做，可以让孩子在不知不觉中学习地理知识，并且很有可能通过这次实践让孩子爱上地理科目。这是教育一种很好的方式。

利用非正式机会对孩子进行爱国教育：

有一位日本妈妈为了对孩子进行民族自豪感的教育，把孩子带到了一个大型的停车场，让孩子数一数在这么多的汽车中，有多少辆是日本制造的，占汽车总数的百分之几，孩子通过计算，统计出 70% 的汽车都是由日本制造的。在停车场里的这一幕，不知道胜过多少爱国主义教育的课程，强有力地增加了孩子的民族自豪感。这也是在生活中进行教育的极好范例。

利用非正式机会对孩子进行社会教育：

为了让孩子有环保意识，让他认识到垃圾堆环境的危害，一位妈妈带领着孩子走进了垃圾填埋场，在距离垃圾场很远的地方，孩子就闻到了一股臭气，捂住鼻子。这样的教育多么直接和生动，不需要妈妈再多说什么，孩子就都明白了保护环境是多么的重要，有哪个人愿意生活在这样的环境中呢？

利用非正式机会对孩子进行爱心教育：

有一次，在学到《同情和帮助残疾人》这节课，为了让大家都能体会到残疾人的痛苦，老师把学生分成为好几组：第一组同学只能用一只手写字；第二组同学只可以在轮椅上活动；第三组同学被蒙住眼睛在教室里走上两圈。这些真实的体验，让孩子们亲身体会到残疾人生活的困苦，也就很容易对残疾人产生同情和敬佩之情。

总之，生活才是孩子吸收知识的大课堂，非正式的教育才是孩子受到的最多教育，妈妈们一定要学会好好利用非正式的机会教育孩子，让孩子在每一天里，随处都可以吸收很好的知识，然后，在空闲时间里，把吸收来的知识反复思考、反复咀嚼，就可以将那些零碎的知识整合成为更精湛、更有意义的学问。

如果妈妈能让孩子们在生活中找到感受生活、表现自己的平台，那样将会使教育成为轻松的事情；如果妈妈能让非正式的教育发挥到最大的功效，教育才能达到它最终的目的。

"学"前孩子不必早读书

薛涌的《一岁就上常青藤》一书对中国的教育提出了很多值得借鉴的观点，其中"孩子不必早读书"这一观点非常新颖且颇有道理。他认为，在学前阶段，孩子面临最重要的挑战是发展感情和社会技能，即怎么和别人相处、怎么在陌生人的环境中保持情绪的稳定，而非读写算术的能力。当一两岁的孩子离开父母到了幼儿园时，这个孩子就等于走向了社会。对一个幼小的孩子而言，幼儿园构成了他的大世界；要理解和适应这个大世界，是一个非常大的挑战。而孩子在这一阶段的生活经验不需要读写、算术等技能。

他女儿念的就是这么一家不教孩子读写算术的美国幼儿园，她每天的学习就是听老师念图画书。老师虽然不让孩子自己识字，但却让孩子在对着图画听故事的过程中，大大激发了想象力和对读书的兴趣，以致她从小听故事成瘾，而对电视缺乏兴趣。另外，这家幼儿园实行小班制，班级里不到10个学生，老师能够充分照顾到每个学生，而且学生在这种环境中也能更好地与老师同学打交道，与人相处的能力得到了培养。虽然，他女儿从这个幼儿园毕业后，没有认识多少字，但观察力十分强，而且情绪快乐、善于和别人沟通、适应能力强。在感情上的成熟和稳定，以及敏锐的观察力、想象力等能力使她在今后的学习中更加轻松容易，而她的学习成绩以及阅读水平也一直名列前茅，并且她还先后上了钢琴、芭蕾、中文、法文等大量额外课程，这么多的学习内容，对于她来说全无压力。对于这一切，该幼儿园早期的教育功不可没。

反思一下我们中国的幼儿园教育，相比之下，给孩子的压力确实大很多。基本上所有的幼儿园都很重视孩子的智力开发，所以不遗余力地对孩子进行知识教育。针对家长全方面教育孩子的愿望，幼儿园想方设法地开出丰富多样的课程，拼音、算术、音乐、美术、英语、蒙氏数学、经典诵读等等，每天上四五节文化课，让孩子提早进入填鸭式教育。教育孩子的初衷是对的，但是这种方法却不一定是有用。这其中最大的负面影响，就是孩子的天性被压抑了。孩子本来是活泼好动的，现在被强迫坐在教室里学习，无疑是对他们发展的最大束缚。另外，对于幼小的孩子来说，这些在大人眼里很简单的知识是很困难的，本来离开家进入幼儿园这个全新的环境对于孩子来说，就是很大的压力，再被逼迫学习些困难的知识，这不是雪上加霜吗？而且，老师对于学生来说，是高高在上的权威，很难接近和依赖，同学们也是互不相关的个体，这样的环境让孩子没有安全感和归属感，容易引起孩子的社交障碍和情绪不稳定，所以，难怪孩子不愿意上幼儿园。而这样的幼儿园教育，其实就是小学教育的缩影，而学前教育顾名思义是"学"之前的教育，把知识教育提到学龄前，不是与学前教育的定义和宗旨相悖吗？

在薛涌看来，幼儿园的最大功能，是帮助孩子在感情上发育成熟，完成初步的社会化过程。从这个角度来看，中国的幼儿园并没有起到幼儿园该有的作用。在"学"的阶段之前让孩子读书，不仅不能让孩子真正学到知识，反而很可能压抑孩子的天性和创造力，使孩子的感情和心理受到挫折。如此而来，读幼儿园岂不是得不偿失。所以，妈妈千万不要迷信知识教育，孩子的一生有很多时间可以来学习知识，而不急于这一时。让孩子接受科学的早教，让他在顺应天性的寓教于乐的教育中身心得到良好发展，是学前教育的重点，也是孩子一生很好的转折点。

下篇

实用宝典

——妈妈解决育子难题的妙招集锦

第一章
如何说孩子才会听，怎么听孩子才肯说

　　妈妈的定义不只是一个担有养育教化责任的长辈，她也是孩子第一个也是最重要的朋友。良好的亲子关系，一定不是要让孩子惧怕你，而是要让孩子相信你、尊敬你。只有孩子相信你、尊敬你，你才能和孩子真正对上话，进行良好的沟通。

每天要有和孩子"单独在一起说话"的时间

　　读初中一年级的一个男生曾对老师说："我很害怕放假。"老师很奇怪，因为孩子们总是盼望假期快一点到来。在老师的追问下，他说："放假在家里，父母都上班了，只有我一个人在家，我很孤独也很害怕，没有人和我说话，爸爸妈妈根本不重视我，他们回到家里只会问：'作业写完了吗？''这一天你都干什么了？'他们从不知道我在想什么，也不和我聊天。晚上睡觉我从不拉上窗帘，因为我要和星星、月亮说话。我很想上学，因为学校里有同学，和同学在一起我感到很开心。"

一项"家庭教育大调查"显示，60%的妈妈每天与孩子相处的时间有4个小时左右：亲子共处时，最常从事的活动是：35%的妈妈在一起看电视，25%的妈妈在辅导孩子学习，剩下的则是游戏等。而妈妈每天和孩子说话的时间，则缩短在半小时以内，而且说内容多是"教导性"的。

　　在这种情况下，家庭教育出现了"想要"和"需要"之间的落差，妈妈最想要的是：孩子功课棒、才艺佳、听话又乖巧。所以妈妈花时间与精力最多的，还是处理"课业与升学的压力""孩子学习的状况"等问题，然而对孩子最希望与妈妈分享的"心情和情绪"，他们的心愿就是妈妈能多和他们说说话，而不是总问："你今天的功课完成得怎么样？""今天你学会什么了？"

　　许多妈妈觉得给孩子吃好的、穿好的，关心关心他的学习，孩子就会感到很幸福。其实不然，要让孩子感到幸福，绝不仅仅是提供物质上的满足，更重要的是与孩子在精神上有很好的沟通。而每天抽出一定的时间陪陪孩子，就是与孩子进行精神交流的最好渠道。科学研究证明，最有威信的妈妈就是那些每天能安排一些时间和孩子说话的妈妈。

　　上班族妈妈们常常在跟时间赛跑，有时回到家时，孩子已经睡觉了，然而，聪明的妈妈仍能挤出时间陪陪孩子，和孩子聊聊天，分享他的心情、心事。即使能陪伴孩子的时间很短，但只要注重质量，仍然能让孩子感受到你对他的关心，建立良好的亲子关系，而当孩子得到妈妈的爱与关怀的时候，孩子的稳定情绪与自信心就会持续成长。下面这个妈妈就想出了一个聪明的方法：

我把抽出时间与儿子交流，列为每天的工作内容之一。我回家晚，就强迫自己每天中午抽出半小时，作为与儿子固定的"煲电话粥"的时间，在这点时间里，我用电话与儿子联络，问儿子学习有什么困难？老师对他有什么要求？在学校表现出色不？需要妈妈给什么帮助？开始，儿子吞吞吐吐，不太爱讲，但经不住我启发和开导，他便把学校的困难，与同学的交往，甚至有哪个同学欺负他，等等，都讲给我听。我帮他分析原因，指点做法，引导他正确处理，使他感到每次与妈妈"煲电话粥"都很愉快、都充满喜悦和信心。慢慢地，每天中午，我不打电话去找他，他就会给我打电话，向我汇报学习上的困难，讲述生活中的趣事、思想上的困惑。他还调皮地称中午时间是"妈妈时间"，是"热线时间"。

另外，注重与孩子的情感交流，是妈妈与孩子成为知心朋友的前提，在与孩子交流的时间最好选在吃饭时和睡觉前，因为这是孩子情绪最为平稳的时候。一个母亲，她从孩子很小时，就注意和孩子的情感交流。每天在孩子上床时都要问问他："今天过得开心吗？"孩子长大后，就形成了在睡前和妈妈沟通的习惯，有什么不顺心的事就像朋友一样告诉妈妈。有了这样的感情基础，孩子就容易接受妈妈的建议和忠告，很容易跟妈妈建立起朋友关系。

职场妈妈在工作时，可以暂时把孩子交给保姆、老人或是学校，但是谁也取代不了妈妈在孩子心目中的地位，你一定要多挤点时间陪陪小孩，因为孩子需要和妈妈"单独在一起说话"的时间，他需要从和你的说话中知道你对他的爱，从而获得安全感和幸福感，同时，他也需要可以依赖的你来帮助他分担一些喜悦痛苦。如果缺少妈妈的陪伴与沟通，孩子就容易"情感饥饿"。"情感饥饿"的孩子特别喜欢撒娇、任性，偶尔还会做出一些古怪的行为，以引起妈妈对他的注意，又或者极端地自闭内向、郁郁寡欢。当孩子出现这些情况以后，妈妈才发现自己的失职，而后悔不已，但也许已经来不及了，因为弥补受到伤害后的亲子关系，赶走孩子的"情感饥渴"，大概要花很长很长的时间，甚至永远也不能实现了。

"蹲下来"和孩子说话

在一个圣诞节的晚上，一位年轻的妈妈，带着5岁的女儿去参加圣诞晚会。热闹的场面，丰盛的美食，还有圣诞老人的礼物……妈妈兴高采烈地和朋友们打着招呼，不断领女儿到晚会的各个地方，她以为女儿也会很开心。但女儿几乎哭了起来，妈妈开始还是很有耐心地哄着，但多次之后，女儿坐到地上，鞋子也甩掉了。

妈妈气愤地把女儿从地上拖起来，训斥之后，蹲下来给孩子穿鞋子。在她"蹲下来"的那一刹那，她惊呆了：她的眼前晃动着的全是大人的屁股和大腿，而不是自己刚才所看到的笑脸、美食和鲜花。她明白了女儿为什么会不高兴，她"蹲下来"的高度正是女儿的身高。这一次，她知道了，只有"蹲下来"和孩子一样高，妈妈才能理解孩子的感受，妈妈才能真正和孩子沟通。

众所周知，只有两头高度差不多，水才有可能在中间的管道里来回流动，如果一头高，一头低，水就只能往一个方向流了。孩子与妈妈的交流也是相同的道理。如果妈妈总是站着面对孩子，妈妈与孩子的距离，就不仅是身高上的几十厘米，而是一代人与一代人之间的距离，是一颗心与一颗心之间不能沟通的距离。所以，"蹲下来"和孩子说话，妈妈与孩子才有可能平等地交流。

"蹲下来"，不只是指在生理的高度上尽量地和孩子保持相同的高度，而更重要的是指在心理上的高度要平等，是以平等的态度和眼光，用认真而亲切的态度，把孩子看成一个需要尊重的独立的人。因为只有在心理上妈妈不再居高临下，与孩子完全处于平等时，孩子才会把他的真实想法告诉你。这就是孩子为什么喜欢把心里话对自己的朋友说，却不愿与妈妈说的原因。

其实，是否"蹲下来"与孩子说话，只是一种方式问题，重要的是在妈妈心中，是否把孩子真正当作和自己一样，是具有独立人格的个体，这才是问题的本质。

美国精神病学家威廉·哥德法勃曾经说过："教育孩子最重要的，是要把孩子当成与自己人格平等的人，给他们以无限的关爱"。家庭内部民主平等的人际关系是孩子心理健康的"维生素"。尊重孩子，认识到孩子也是一个独立的人，有自己的情感和需要，放下做妈妈的架子，使孩子觉得妈妈和自己是平等的，这是妈妈为了孩子的健康成长而所应做的。

可是，在我们的生活中却常常可以看到妈妈站在那里，大声呵斥孩子："过来！""别摸！""去！去！去！别烦我"。从说话态度来看，妈妈用居高临下、命令式的语言语调和孩子说话显得很威风，可在孩子心目中的妈妈，却并不可敬，这样的沟通效果自然不好，而且妈妈很容易在孩子心里失去威信，久而久之妈妈说的话孩子也不会听，甚至孩子还会在心中产生厌恶妈妈的情绪。

无数事例证明，妈妈以居高临下的姿态来关心孩子，反而会使孩子产生逆反心理。只有妈妈转变姿态，像对待朋友那样去关爱子女，才有可能让孩子感受到平等。

妈妈只有"蹲下来"和孩子说话，真正同孩子建立一种平等尊重的朋友关系，才能使彼此拉近距离，相互敞开心扉，更好地进行沟通。

无论孩子的想法多么幼稚，也无论听起来多么没有道理，妈妈也要学会耐心倾听，让孩子尽情倾诉。妈妈还应该再学会多问一些为什么，比如孩子为什么会产生这样那样的想法，孩子为什么会认为自己的想法有道理，孩子为什么不赞同妈妈的看法等等。

只要这样做了，妈妈与孩子之间的沟通和交流才会越来越多，越来越通畅。也只有这样，妈妈对孩子的教育才会越来越容易，妈妈同孩子之间的紧张关系才会越来越改善，家庭才会越来越和睦。有句话叫"家是休息的港湾"，这句话不仅针对夫妻如此，针对妈妈如此，同样对于孩子们也是如此。

总之，"蹲下来"和孩子说话，是增强孩子独立意识的有效方式。"蹲下来"说话，不仅仅是一种行为的表现，还是一种教育观的体现。只有怀着崇高的责任心和热切的期望才能"蹲下来"；只有把孩子看作是平等的个体才能"蹲下来"。

而只有"蹲下来"，妈妈才能平视孩子，才能获得和孩子坦诚交流的机会，才能真正明白孩子心中所想以及他们行为的真实动机。

尊重孩子的说话权，做会"听话"的妈妈

露露是小学 4 年级的学生，最近，张老师发现露露变了。

露露以前活泼开朗、上课积极发言，现在却变得沉默寡言，总是一个人发呆，学习成绩也下降了。老师经过细心的了解，才知道了露露不爱说话的原因。

露露以前是个很活泼的孩子，每天放学回家后，都会把学校发生的趣事说给妈妈听，可露露的父亲是个对孩子要求非常严格的人，他把全部希望都寄托在露露身上，希望露露将来能考上大学，出人头地。

因此，妈妈对露露的学习抓得特别紧。他们觉得露露说这些话都没用，简直是浪费时间，因此，露露兴高采烈地说话时，父亲总是会打断他："整天只会说这些废话，一点用也没有，你把这心思放在学习上多好，快去做作业！"

一次露露说班里发生的一件事，正说得兴高采烈时，父亲说："说了你多少次了，让你别说这些废话，你还说，再记不住，看我不打你！"吓得露露一个字也不敢说，回到自己房间里去了。

慢慢地，露露在家里话越来越少了，每天放学都闷在自己的房间

里，因为父亲也不让她出去玩，渐渐地，她的性格也就变了。

从露露的情况来看，亲子之间的沟通交流是影响亲子关系、孩子性格发展的重要方面。许多妈妈都忽视了与孩子交流。不重视对孩子的倾听，时间久了，不良影响就会表现出来。

各位妈妈检查一下，平时的你是否有以下行为：

不注意孩子倾诉的需求，当孩子有话与你说时，总是以"忙"为由，不去倾听。孩子兴致勃勃地诉说时，你经常不耐烦地将其打断。

生活中，大多数妈妈对孩子在生活上十分关爱，可在真正平等地对待孩子、注意孩子自尊等方面做得却很不够。

孩子学习和生活上有什么问题，在向妈妈诉说时，稍不如意，就被打断。妈妈不让孩子把话说完，轻则斥责，重则打骂，对此，孩子只能将话咽回去。据某一项调查，70％以上的妈妈承认没有耐心听孩子说话。

一旦孩子的想法得不到妈妈的重视，他们只能把自己的秘密埋藏在心里，做妈妈的也就很难知道孩子的所思所想，这样对孩子的教育就会无所适从。

孩子的说话权得不到妈妈的尊重，久而久之，孩子就会与妈妈产生对抗情绪，以至双方相互不信任，沟通困难。

妈妈不让孩子把话说完，一方面不利于孩子语言表达能力的提高，另一方面也使孩子产生自卑情绪。孩子对着妈妈诉说内心的感受，是提高表达能力、增强社会交往能力的极好机会。

孩子都渴望有人听自己说话，在大多数的情形下，孩子与妈妈不能沟通，就是因为只有人说话而没有人听。如果妈妈们能多尊重孩子的说话权，对孩子的倾诉多一点耐心，不急于打断孩子的话，那么孩子遇到事情时就会乐于向妈妈倾诉，与妈妈建立良好的沟通关系。

当孩子说话时，无论妈妈有多忙，一定要用眼睛看着孩子，不要随意插嘴，尽量表现得你听得很有兴趣。让孩子发表他的观点，完整地听他所讲的话，如果你在某一重要原则上表示不同意他的看法，应告诉他你不赞同他的什么观点，并说出理由。

在提出反对意见时不要过于武断，不应否定一切。即使孩子是在胡说八道，也要控制你的火气，不妄下定论，直到完全理解清楚。

妈妈应尽可能地与孩子交流。而且，应该试着用不同方法使得孩子愿意与妈妈交流。作为妈妈，在倾听孩子说话时，理应更细心，更富有同情心。妈妈应该努力地尊重孩子，从而营造出更加友好的语言氛围。

同时，妈妈应该学会正确"听话"，不打岔、不否定、不责备，以便孩子可以畅所欲言，也便于妈妈看清孩子的内心世界，在此基础上才能创造更多与孩子交流的机会。

每个孩子都有自己的心声，需要有个会"听话"的妈妈来倾听。妈妈尊重孩子的说话权，积极做个会"听话"的妈妈，才能够真正了解孩子的想法和感受，亲子之间才能良好沟通，建立和谐的关系。

用好身体语言比说好口头语言更重要

妈妈与孩子之间的沟通障碍其实很大程度来自肢体语言。妈妈的表情和交谈时的肢体动作传达感情的程度决定了亲子之间的沟通质量。

心理学家认为，在人际交往中，身体语言能比口头语言能传递更多的信息。我们用语言所传达的信息不会超过所有信息的30%，而其余70%的信息是通过非语言的方式进行表达的。而在与年龄较小的孩子交往时，这种比重相差更加悬殊。据研究，在孩子语言能力没有成熟前，妈妈与他交流时，这种非语言的表达方式能占97%的比重。

　　其实孩子对于妈妈的表情的敏感程度，远远超过了妈妈的想象。曾经有这样一个实验：让妈妈面无表情地看着6个月大、正在笑的孩子，结果，不一会儿，孩子就不再笑了。当妈妈离开后，再次回到孩子身边时，他根本就不看妈妈，故意不理会妈妈。实验证明，面无表情或抑郁寡欢的妈妈会很容易刺伤孩子的心。孩子虽小，但他却能清晰地从妈妈的表情、动作上感觉到妈妈的态度。

　　大一点的孩子更不用说了，他们更善于观测妈妈那些语言之外的东西。因此，妈妈在与孩子的交往中，不仅要留意自己的身体语言所传达的信息，也要学会读懂孩子的身体语言。

　　一个5岁的孩子撒了谎，对妈妈说："窗帘不是我弄脏的。"他很可能会在说完之后立刻用一只手或双手捂住自己的嘴巴；如果不想听父母的唠叨，他们会用手捂住自己的耳朵；如果看到可怕的东西，他们会捂住自己的眼睛。当孩子逐渐长大以后，这些手势依旧存在，只是会变得更加敏捷让别人越来越不容易察觉。而在教育孩子的过程中，妈妈可以适当地运用肢体语言，这样可以强化妈妈口头语言的使用效果。特别是对年龄偏小的孩子来说，妈妈的肢体语言可以使他们柔弱的心灵受到莫大的安慰，例如，一个鼓励的眼神、一个温暖的拥抱，都会使他们觉得温馨，具有安全感。

又如在一些日常的小事中，妈妈也常可以利用肢体语言缓解孩子的心情。

孩子想妈妈了，被别的小朋友欺负时，可以把孩子搂在怀里，脸贴着脸，缓缓地拍着他的背部，嘴里可以轻轻地说些安慰话，孩子那颗惊恐失措的心会渐渐趋于平静。同时，在和孩子谈话时蹲着，让孩子平视你，当他说话不着边际时，妈妈都微笑着等他说完再发表见解，可以伴些手势和面部表情，使孩子觉得自己像大人一样被尊重。

或者和孩子玩游戏时，调皮的孩子故意耍赖，妈妈要么刮他们的鼻子，要么摸摸他们的头，再不然就亲亲他们……这时候孩子们开心极了，他们会围着妈妈又蹦又跳，显得异常开心。

总之，除了正常的语言交流外，妈妈给予孩子的一个适时的拥抱或者一个轻轻的吻，都可以很好地激发孩子的积极性，让他们体会到妈妈的可亲可敬。而且对于那些调皮捣蛋的孩子来说，当他们犯了错误的时候，妈妈一个严厉的眼神，也许比责骂更有效果。

妈妈的一颦一笑，甚至同一句话使用不同的口气，都可以成功地向孩子表达自己的感情。适当地运用肢体语言，多给孩子一份关爱，妈妈们就一定会多收获一份欢乐，就让妈妈们多用一些肢体语言拉近与孩子之间的距离吧！

80/20——与孩子对话的黄金法则

作为妈妈的你是否经历过这样的情况：当你拖着疲惫的身体，努力地打起精神，准备和孩子好好沟通沟通时，不是被孩子三言两语给打发了，就是被噎得半天回不过神来。不但不能达到了解孩子的目的，还惹得一肚子气，逐渐丧失了和孩子谈话的兴趣，以至于越来越不了解孩子，越来越不知道该怎样教育孩子。因此，妈妈一定要学会与孩子交谈的技巧，而这个技巧，就是有名的80/20法则。

1897年，意大利经济学家帕累托偶然注意到英国人的财富和收益模式。他发现，社会上的大部分财富被少数人占有了，而且这一部分人口占总人口的比例与这些人所拥有的财富数量具有极不平衡的关系。于是，帕累托从大量具体的事实中归纳出一个简单而让人不可思议的结论：如果社会上20%的人占有社会80%的财富，那么可以推测，10%的人占有了65%的财富，而5%的人则占有了社会50%的财富。这样，我们可以得到一个让很多人不愿意看到的结论：

一般情况下，我们付出的80%的努力，也就是绝大部分的努力，都没有创造收益和效果，或者是没有直接创造收益和效果。而我们80%的收获却仅仅来源于20%的努力，其他80%的付出只带来20%的成果。

显然，80/20 法则向我们揭示了这样一个道理，即投入与产出、努力与收获、原因与结果之间，普遍存在着不平衡关系。小部分的努力，可以获得大的收获。起关键作用的小部分，通常就能主宰整个组织的产出、盈亏和成败。

所以，我们做事情应该要把自己的精力花在重要的少数问题上，因为解决这些重要的少数问题，你只需花 20% 的时间，即可取得 80% 的成效。而和孩子谈话，亦是如此。

妈妈和孩子能够顺利地交流思想，对于相互之间保持良好关系非常重要，妈妈都希望孩子和自己讲讲他们内心的感受，这样妈妈就可以理解和帮助他们。如果我们问妈妈："你经常与孩子交流吗？"

得到的回答常常是："当然啦，我们经常说，可他一点也不听。"

其实，妈妈所谓的交谈，其中很大一部分是唠叨、批评、说教、哄骗、威胁、质问、评论、探察……这些做法不管出发点是多么好，都只会使相互间的关系更加紧张和充满敌意。试想，如果孩子是你朋友，你总是板起面孔不管不问地说一大堆，你们的友谊还能维持多久？

妈妈们常常犯一个重要的错误，就是她们说得太多。她们过早地对孩子进行长篇大论式的谈话，并且还常用一些孩子听不懂的词。那些在孩子很小的时候就开始对他们讲大道理的妈妈发现，随着孩子年龄的增长，他们变得越来越不好管教。当他长到十几岁时，他的妈妈又试图用严厉的惩罚来对待他们，但是已经听惯了大道理的孩子会比一般的孩子更不接受这种惩罚。

所以，要根据孩子的年龄和成熟程度把握好谈话的"度"。美国著名的成功学大师在教导人们怎样对话的时候，建议我们把 80% 的时间留给对方来发言，把剩下的 20% 的时候拿来提一些能够启发对方说下去的问题。可以说，对话的过程重在倾听，妈妈们更要懂得这个法则。

一般而言，最好对年龄小的孩子侧重管教，而对大孩子则多交谈。例如，告诉 2 岁的孩子电源是危险的不能碰，就不如把他的手一把拉开并严厉地说"不能碰"，以便使他更能立即理解你的意思。

可是，如果你不对一个 13 岁的偷偷抽烟的孩子详细地解释尼古丁的害处，而是简单地责罚他，那么将不能收到好的效果。在这些青少年的世界中，他们需要大量的空间去表达自己，需要耐心的听众。妈妈们多多倾听，让他们说出自己的想法，并且及时解答他们的疑惑。这就像大禹治水，重在疏导，而不是想办法用东西堵塞。

当孩子厌烦了你的话语，甚至一听你的谈话就蒙着耳朵钻进被子里，不妨巧妙地运用 80/20 的黄金法则，作为妈妈的你就会发现其实我们可以花最少的力气取得最好的效果。

做积极倾听的妈妈，耐心地听孩子把话说完

一位母亲问她 5 岁的儿子："假如妈妈和你一起出去玩的时候渴了，一时又找不到水，而你的小书包里恰巧有两个苹果，你会怎么做呢？"

儿子小嘴一张，奶声奶气地说："我会把每个苹果都咬一口。"

虽然儿子年纪尚小，不谙世事，但母亲对这样的回答，心里多

少有点失落。她本想像别的父母一样，对孩子训斥一番，然后再教孩子该怎样做，可就在话即将出口的那一刻，她突然改变了主意。

母亲握住孩子的手，满脸笑容地问："宝贝，能告诉妈妈你为什么要这样做吗？"

儿子眨眨眼睛，满脸童真地说："因为……因为我想把最甜的一个留给妈妈！"

那一刻，母亲的眼里隐隐闪烁着泪花，她在为儿子的懂事而自豪，也在为自己给了儿子把话说完的机会而庆幸。

可以想象，如果上文中的妈妈开口训斥了孩子，那么她很可能听不到孩子的内心想法了，这样的误解和责怪不仅会伤害孩子的心灵，还会破坏良好的亲子关系。然而生活中，这样做的妈妈很多很多，所以才有那么多母子之间沟通有问题。其实，很多时候，妈妈多有点耐心听孩子把话说完，就能起到完全不同的效果。

耐心听孩子说完，是一种积极的倾听，但是积极倾听不完全是指默默地在一边听对方说话。积极倾听的核心是以平等的姿态，鼓励对方说出真心话。倾听者要暂时忘记自己或把自己的评判标准放一边，不管你对对方的言语或行为持赞成、欣赏还是批判、反对的态度，都要无条件地接纳对方，积极倾听关注更多的不是话语，而是对方的心理。积极的倾听不仅要感同身受地去体会对方的心情，而且要引导对方抒发情绪，宣泄不满、愤懑、悲伤、快乐、喜悦……

妈妈平日在生活上非常关心孩子，可在真正平等地对待孩子、关注孩子心理健康方面做得却很不够。孩子遇到一些问题，在向妈妈诉说时，不是经常被打断，就是不被重视，甚至是被指责。所以孩子只能将很多话咽回去。有时，妈妈只是机械地听孩子诉说，体会不到孩子在倾诉时的情绪，这种情况下，孩子的想法得不到妈妈的重视，他们只能把自己的秘密埋藏在心里，做妈妈的就很难知道孩子的所思所想，这样妈妈对孩子的教育就会无所适从。另外，妈妈不尊重孩子的说话权，久而久之，孩子就会对妈妈产生反抗情绪，导致亲子沟通出现问题。一份调查显示：70％～80％的儿童心理卫生问题和家庭有关，特别是与妈妈对孩子的教育和交流沟通方式不当有关。另外，妈妈不懂得倾听孩子，也会从侧面限制他语言能力和社交能力的发展。

要学会积极倾听，最简单也是最重要的就是当孩子说话时，无论你有多忙，一定要用眼睛看着孩子，不要随意插嘴，尽量表现出你听得很有兴趣。让孩子发表他们的观点，完整地听他所讲的话。对于青春期的孩子更是如此。

很多青春期的孩子往往有较强的逆反心理，他们不喜欢听妈妈说话，更不愿向妈妈倾诉心事。但是如果他们向您谈起自己的往事时，请千万要耐心、感同身受地去倾听。他告诉妈妈，证明他在努力向妈妈敞开心扉，试图缩小与妈妈的心理距离。当他们说出曾经所受的伤害时，就应当去接受，去理解，去发现更能治疗"伤疤"的方法。如果你在某一重要原则上不同意他的看法，应告诉他你不赞同他的什么观点，并说出理由。当孩子被积极倾听了，他也更加愿意倾听妈妈的话。

用孩子的眼睛看世界，孩子才会听你的道理

深冬的早晨，在一个犹太社区中心健身房外的走廊里，有个2岁的男孩突然大发脾气：他一下子趴到地下，又哭又叫，两脚乱踢，两手乱抓。而他的母亲就在他身旁却一句话都不说，放下手里的包袱，先蹲下，再坐下，后来索性全身趴在地上，使她的头和儿子的头成了一个水平线，两个人的鼻子也碰在一起。走廊里来来往往的人很多，大家都小心地绕开他们，尽量不去注意他们；母子两个旁若无人地趴在那里好半天。最后，孩子脸上的愤怒慢慢消失，显露出平静，哭叫声变成了耳语，终于把哭红的小脸靠在地板上，他的妈妈也同样把脸靠在地板上。孩子看母亲，母亲就看孩子。最后孩子站起来，母亲也站起来。母亲拿起丢下的包袱，向孩子伸出手来。孩子抓住了母亲的手。两人一起走过了长长的走廊，到了停车场。母亲打开车门，把孩子放在儿童座上扣好，亲了一下他的额头。孩子的情绪已经变得非常安稳甜蜜。而在这整个过程中，当母亲的居然没有说一句话。在一旁一直跟踪观察他们的作者，简直要情不自禁地为这位母亲鼓掌！

这是《一岁就上常青藤》这本书的作者薛涌讲述的发生在美国街头的一幕场景，母亲专心致志地趴在地上，仿佛要尽自己最大的努力从孩

子的角度来理解他发脾气的原因。正是由于这一点点虔诚的努力，两个人建立了默契的沟通，孩子平静了下来，而这位母亲自始至终没有说一句安慰孩子的话。也许你会感到很奇怪：既然母亲一句话都没有讲，是什么力量安抚了孩子原本不平静的脾气呢？

这位妈妈的法宝，就是用孩子的眼睛看世界，与孩子感同身受。而与孩子交流，首先最重要的就是要懂得用孩子的眼睛来看世界。在日常的生活中，可能很多人都有这样的经验：当我们被人理解之后，内心就会感到温暖有助而心心相印，在这种情况下的人通常容易打开心扉畅所欲言。而当一个人感到自己不被人理解的时候，内心就会感到委屈孤独，什么都不愿意说，甚至是刻意疏远别人。成人都如此，更何况是孩子？所以，妈妈在爱护孩子、在教育孩子的时候，也应该设身处地地把自己放在孩子的角度考虑他是否可以接受。

很多妈妈为与孩子沟通感到头痛：孩子心里有秘密不会告诉你；孩子遇到了难过的事情不会找你诉说，甚至孩子遇到了困难都不愿意找你来帮助。难道我们不爱自己的孩子吗？他们为什么却要对我们充满了敌意呢？你的至理名言，被孩子当成了耳旁风；你苦口婆心的训导，让孩子感到心烦意乱。这到底是为什么呢？作为妈妈，如果不懂得从孩子的角度来和他交流，那一定会使沟通出现重重的障碍。

有一位妈妈，对自己的孩子很是头痛，因为她的孩子深深迷恋于游戏机不能自拔。爱子心切的母亲怀着恨铁不成钢的心情，每当看到孩子总会劈头盖脸地训斥一番，可是她不曾想过，孩子怎么会甘之如饴地接受她的责骂呢？虽然妈妈是出于对孩子的爱护，但是却不可能收到良好的效果，反而会加重孩子的逆反心理。

但是另一位妈妈就很懂得教育的艺术，她在教育孩子之前用心体会了儿童的心态，虽然对孩子沉迷于游戏的状况感到担忧，但是却使用了让孩子可以亲近的方式，比如用儿童式的语言问孩子："你今天的手气怎么样？有没有破纪录？"通过这样的问法，我们可以轻松得知孩子现阶段对游戏的痴迷程度，而且不会让孩子有所警觉。结果，这个孩子兴致很高，说："我今天打到了10000分。"这位妈妈的问话传递出的信息并不是对游戏的厌恶，而是好奇，所以让孩子觉得妈妈对游戏也很感兴趣，因为你们对同样的事物感兴趣而愿意和你交流，只要愿意和你沟通，以后的说服就会变得容易很多。

　　同时，当妈妈试图努力让自己用孩子的角度来看问题的时候，他们也会逐渐意识到应该学着用妈妈、老师的眼光来理解世界，这样，妈妈的价值观念，才能得以很好地传递给孩子。

　　如果妈妈细心地感受孩子的人生，不剥夺孩子自由的呼吸空间，那么孩子就能和妈妈好好沟通，就能听得进去妈妈的教导。所以，妈妈应该懂得用孩子的眼睛来看世界，努力让自己通过孩子的视角让他们掌握基本的做人原则，并鼓励他们用这样的原则来理解大人。

第二章
不打不骂教出好孩子的妙招

打骂不是教育孩子的好方法，不打不骂照样能教出优秀的孩子。成功的现代妈妈应该是懂得拒绝打骂和暴力的妈妈，应该是能够给孩子的成长创造快乐天空的妈妈。

"有心无痕"的批评和表扬才能对孩子生效

明明早晨喝完牛奶，随手把空牛奶盒从教室的窗户扔了出去，正巧打着楼下的一位学生。事情反映到老师那里，乱扔盒子的明明被班主任叫到了办公室。

"你知道这种行为的严重后果吗？"班主任厉声质问。

"老师，我错了，我以后再也不往楼下扔东西了！"这时，明明眼里的泪水已在打转。

"幸亏你扔的是纸盒，如果是铁盒、砖块呢？还是要不把人家脑袋砸破？"

"万一砸出人命来怎么办？"

……

班主任连连质问、斥责，由纸盒而铁盒而砖块而人命开始，说了一大堆，越说越严重，越说越玄乎，似乎还不满足，仍想继续"发挥"，但这时，明明已变得充耳不闻，表情淡漠了。

生活中有很多妈妈也会像这位老师一样，唠唠叨叨地对孩子批评一番，她们经常抱怨，为什么孩子总是听不进去教诲，对批评一点都不能虚心接受。那是因为长篇大论的批评已经超出了孩子的承受范围，致使他们感到麻木或是厌倦了。这好比孩子一次只能吃2根雪糕，你非得一次逼他吃掉10根，那他自然因为吃腻了而从此对雪糕丧失兴趣。

当人的机体在接受某种刺激过多、过强或时间过长的时候，人会调动"自我保护"的本能，出现自然的逃避倾向。这种现象被人们称之为"超限效应"。

"超限效应"在家庭教育中时常发生。如：当孩子考试失败时，妈妈会一次、两次、三次，甚至四次、五次重复对一件事作同样的批评，使孩子从内疚不安到不耐烦最后反感讨厌。被"逼急"了，就会出现"我下次还这样，不学了！"的反抗心理。又或者孩子是一个大大咧咧的人，他偶尔会把房间弄乱，而妈妈时不时都在念叨孩子不爱整洁、邋里邋遢，久而久之，孩子心生厌倦和反叛，他故意不打扫不整理，以此来响应妈妈的批评。

其实妈妈的本意是好的，想通过强调这个问题，使孩子记忆深刻，下次不再重复犯同样的错误。可是妈妈这种喋喋不休的说教、嘱咐、训斥，最终导致孩子出现了"超限效应"，不但无动于衷，反而异常反感。孩子本身对自己的错误是有内疚之感的，但是如果妈妈咬住孩子的错误长久不放，过多重复的批评就会导致孩子产生厌倦之情。当厌倦淹没了悔恨自责，孩子就只记得对妈妈的不耐烦，而千方百计地为过错找借口，失去对错误的悔意。所以，孩子听不进去批评，妈妈要反思一下自己是否对孩子的批评超限了。

在教育中，不光是多批评会引发超限效应，多表扬也是如此。表扬过多以后，孩子会变得麻木，对称赞丧失兴趣，从而失去上进的动力。过多的称赞不仅会变得不值钱，甚至会使孩子认为妈妈很"虚伪"。所以，无论是表扬还是批评，都要掌握一个度。过少是妈妈的失职，过多则是妈妈的失误。

在表扬孩子时，妈妈要善于抓住孩子的"闪光点"，及时捕捉孩子的每一次、每一点进步，"对症下药"地对孩子的行为进行表扬，并要适可而止。点到为止、暗香余留的表扬是对孩子有持续吸引力的表扬艺术。当批评孩子时，妈妈更要讲究艺术。要切记：孩子犯一次错，只能批评一次。如果他再犯同样的错误时，可以变换角度来说他。比如孩子放学后写作业，每次写完后都不把书收拾到书包里，你可以批评他。但当他答应做到而又没有做到时，你可以和他一起想办法，比如建议他在"记事本"上记住每天要做的事。批评孩子，既要让他认识到自己的错误并心存自责，又要鼓励他下次积极改进，这才是批评的高级境界。

制定惩罚，不如先规定纪律

内科医师有一句座右铭，大概意思是："首要原则是不伤害病人"。妈妈也需要类似的规定来帮助自己，在约束孩子守纪律的过程中，不要对孩子情感上的快乐造成伤害。

纪律的关键在于寻找惩罚的有效替代手段。

布莱克夫人要去给那些犯过过失的男生上第一次课，她很担心。当她轻快地走上讲台时，她绊了一下，摔倒了，课堂里爆发出哄堂大笑。布莱克夫人没有惩罚那些嘲笑她的学生，而是慢慢站起来，直起身子，说："这是我给你们的第一个教训：一个人会摔倒趴下，但是依然可以再站起来。"教室里寂静无声，孩子们接受了这个教训。

这样的方法，所有的妈妈都可以仿效，使用智慧的力量，而不是用威胁和惩罚来影响孩子的行为。

当妈妈惩罚孩子的时候，孩子会怨恨妈妈，当他内心充满愤怒和怨恨时，是不可能听得进妈妈的话，不可能集中注意力的。在训诫孩子时，任何可能会导致愤怒的行为都应该避免，而那些会增强自信、增强自尊，并且尊重他人的方法应该大力提倡。

为什么当妈妈惩罚孩子的时候，会激怒孩子？不是因为她们不和蔼，而是因为她们不懂得方法。她们没有意识到她们的哪句话是有破坏性的。她们很严厉，是因为没有人告诉她们如何在不骂孩子的前提下处理棘手的问题。

　　一天，儿子贾宏从学校回到家，一开门就朝妈妈大声嚷嚷："我恨我的老师，她当着我朋友的面冲我大声叫，她说我说话扰乱了课堂秩序，然后她惩罚我，让我整堂课站在大厅里。我再也不要回学校了！"儿子的怒气让这位妈妈失去了平静，于是她不假思索地把心里所想的话脱口而出："你知道得很清楚，你应该遵守纪律，你不能想讲话就讲话，如果你不听话，你就会受到惩罚，我希望你已经得到了教训。"

　　当妈妈如此回应了儿子的烦躁情绪后，儿子也非常生妈妈的气。如果那位妈妈没有说上面那些话，而是说："站在大厅里多尴尬啊！当着朋友的面冲你嚷嚷也很让人丢脸！怪不得你要生气。没有人喜欢遭到那样的对待。"这样同情的回应说出了贾宏的烦躁情绪，会消除他的怒气，让他感到妈妈对他的理解和爱。

　　有些妈妈会担心，如果他们承认孩子的烦躁，提供情感上的急救，会给孩子传达出这样一个信息：他们不担心孩子的不良行为。但是，就像上面提到的妈妈一样，她儿子的捣乱行为是发生在学校里，而老师已经处理过了。她苦恼的儿子从她那儿需要的不是额外的训斥，而是同情的话语和理解的心情，他希望妈妈能帮助他消除心烦。

纪律就像外科手术，需要精确，不能随意下刀，不能草率地抨击孩子。不端行为和惩罚不是对立的两个方面，不能互相抵消，相反，它们会互相滋养、互相增强。惩罚无法制止不当行为，只会让肇事者在躲避侦查上更有技巧。当孩子受到惩罚后，他们会想办法更加小心，而不是更顺从，或更有责任心。

所以，妈妈们可以通过纪律使孩子自愿接受限制和改变某种行为。从这个意义来说，妈妈的训诫可能最终带来孩子的自律。通过认同妈妈和妈妈体现出来的价值，孩子内心会获得自我调整的标准。

对感受要宽容，对行为要严格

教育孩子的目标是什么？是帮助孩子成为一个正派的人，一个受人尊敬的人，一个富有同情心、能承担责任、关心他人的人。如何教化孩子？要使用人道的方法，在妈妈们努力教育孩子待人接物、为人处事时，要想有效果，就不能伤害他们的感情。

孩子从经验中学习。他们就像湿水泥，任何落到他们身上的话都能造成影响。因此，重要的是，妈妈们对孩子的感受要宽容，但对他们的行为要严格，要学会跟孩子谈话时不要激怒孩子，不要对他们造成伤害，不要削弱孩子的自信，或者让他们对自己能力失去信心。

对待孩子的不良行为要严格，但是，对所有的感受、愿望、欲望和幻想，应该宽容对待，不管它们是积极的、消极的、还是矛盾的。像我们所有的人一样，孩子无法禁止自己的感受，有时候，他们会感觉到贪婪、色欲、自责、愤怒、害怕、悲伤、欢乐和恶心。尽管他们无法选择他们的情感，但是他们有责任选择如何、何时表达这些情感。

无法接受的行为并不是无法容忍的。试图强迫孩子改变无法让人接受的行为，结果是令人失望的。但是，依然有许多妈妈问自己无效的问题：怎么才能使孩子做家务呢？怎么才能迫使孩子专心做作业呢？怎么才能让孩子打扫自己的房间呢？怎么才能说服孩子在外面待的时间不要晚于她规定的时间呢？怎么才能让孩子的日常表现正常呢？

妈妈需要知道唠叨和强迫是没有用的。强制性的方法只能导致怨恨和抵触，外部压力只会带来违抗和不从。妈妈不应该把他们的意志强加在孩子头上，应该理解孩子的观点，帮助他们专注于解决麻烦，这样，妈妈才更有可能影响孩子。

例如，刚刚的妈妈对他说："刚刚，你的老师告诉我们你没有做家庭作业，能告诉我们出了什么问题吗？有什么我们能帮忙的吗？"

不管11岁的刚刚怎么回答，妈妈已经开启了一个对话，将会找到难题的源头，这样，就可以帮助刚刚承担起做家庭作业的责任。

孩子需要一个清晰的界限：什么行为是可以接受的，什么行为是不可以接受的。没有妈妈的帮助，他们很难不依照他们的冲动和欲望行事。当他们知道被允许的行为的清晰界限时，他们会觉得更加放心。

对妈妈来说，限制比强迫执行这些规矩要容易得多。当孩子向这些限制挑战时，妈妈应该学会灵活处理。妈妈希望孩子开心，当妈妈不允许孩子违反规则时，孩子可能会觉得不再被爱了，会觉得内疚。

"今天晚上不许再看电视了。"当 12 岁的冰冰的电视节目将要开始时，她的妈妈说道。冰冰很生气，喊道："你真小气！如果你爱我，你会让我看我最喜欢的节目，它马上就要放了。"母亲想要让步，对她来说，很难拒绝这样的请求。但是她决定不能有这个先例，她强制执行了她的规定。

因为有很多规定很难强制执行，所以妈妈要把规定按优先次序排列，并且让这些规定越少越好，以保证规定能够得以顺利执行。

当出了问题：要回应，而不是反应

在许多家庭中，妈妈和孩子之间的激烈争吵有一个规律的、可预见的顺序。孩子做错了什么事，或者说错了什么话，妈妈对此做出无礼、侮辱的反应。孩子则用更糟糕的行为来回答。妈妈再反击，高声恐吓，或者粗暴地处罚。

这样的方式解决不了问题。当孩子出现问题时，妈妈们正确的做法是回应，而不是反应。

10 岁的雷特保证给家里洗车，但是他忘了。最后他才想起来，试图做好工作，但是已经来不及了，没有完成。

妈妈对儿子说："儿子，这车还需要再洗洗，特别是车顶和左边。你什么时候能做？"

雷特说："我可以今晚洗。"

妈妈微笑着点点头："谢谢你。"

雷特的妈妈并没有批评他，而是告诉了他一些事实，语气没有丝毫的不敬和贬低。这让雷特完成他的活，而不会对妈妈生气。想象一下，如果雷特的妈妈批评了他，试图教育他，雷特的反应会有什么不同呢？

妈妈问："你洗了车吗？"

雷特说："洗了。"

妈妈开始不高兴了："你确定？"

雷特撒谎道："我确定。"

妈妈生气了："你居然说你洗完了？你就是敷衍了事，你从来都这样。你只想玩，你觉得你能这样过一辈子吗？你要是工作了，还是像这样草率马虎，连一天都干不了。你太不负责任了！"

这样的结果，不仅伤害了雷特的自尊心，而且对他心身发展也非常不好。

从一些小意外里，孩子可以学到很宝贵的教训。孩子需要从妈妈那里学会分辨什么是仅仅让人不愉快、让人讨厌的事情，什么是悲剧和灾难。许多妈妈对打碎了一个鸡蛋的反应就像打断了一条腿似的，对窗户被打碎的反应就像心被敲碎了一样。对于一些小事，妈妈应该这样跟孩子指出来："你又把手套弄丢了，这很不好，很可惜，不过这不是什么大灾难，只是一个小意外。"这就是所谓的小意外，大价值。

丢失了一只手套不须要发脾气，一件衬衫扯破了，也无须像希腊悲剧里那样让孩子自己动手解决。

相反，发生小意外时，是传授孩子价值观念的好时机。

8岁的黛安娜把妈妈戒指上的诞生石弄丢了，她伤心地哭了起来，妈妈看着她，平静而坚定地说："在我们家，诞生石不是那么重要的。重要的是人，是心情，任何人都可能弄丢诞生石，但是诞生石可以重新替换。你的感受才是我最关心的。你确实喜欢那个戒指。我希望你能找到合适的诞生石。"

但是，当遇到孩子行为不当时，妈妈往往意识不到是因为不安的情绪导致了那样的行为。在纠正他们的行为之前，一定要先处理他们的情绪问题。

所以，当孩子遇到问题或遇到不开心的事时，这时候妈妈们最好的做法是回应孩子，让孩子心灵有慰藉，而不是做出反应、质问孩子。可大多数妈妈都没有养成向对方敞开心扉的习惯，甚至不知道孩子的感受以及如何去感受，

如果让孩子说出自己的感受很难，那么如果妈妈能够学会倾听在他们愤怒的外表下所隐藏的担心、失望和无助，将会有很大的帮助。妈妈不要只针对孩子的行为做出反应，而是要关注他们心烦意乱的情绪，帮助他们应付难题。只有当孩子心情平静时，他们才能冷静地思考，才能做出正确的举动。

所以，妈妈的批评对孩子是没有益处的，它只能导致气愤和憎恨。

而更糟的是，如果孩子经常受到批评，他们就学会了谴责自己和别人；他们学会怀疑自己的价值，轻视别人的价值，学会怀疑别人，甚至导致人格缺陷。

给孩子指导而不是批评

　　批评和评定性的称赞是双刃剑，两者都是在给孩子下判断。为了避免下判断，心理学家不会发表批评意见影响孩子，而是指导孩子。在批评孩子时，妈妈会攻击孩子的人品和性格。而指导孩子时，妈妈陈述问题以及可能解决问题的方法，但不会针对孩子本人发表任何观点。

　　一旦孩子说错了什么或是做错了什么，妈妈立刻摆出一副严厉的样子对孩子指手画脚，同时带有无礼甚至是侮辱性的批评语言。结果不但没有让孩子心服口服地接受批评，反而引起孩子的反感和顶撞。

　　吃早餐的时候，7岁的罗文在玩一个空杯子，正在餐厅看打扫的妈妈对罗文说："你会打碎它的，不要玩了，你不知道打碎了多少东西。"

　　罗文自信地说："放心吧，不会打碎的，我保证。"刚说完，杯子就从手掌间滑落在地，摔得支离破碎。妈妈生气地说："你应该放声大哭。真是个大笨蛋，屋里东西快要被你摔光了。"

　　罗文显得毫不罢休，他说："你也是个笨蛋，你曾经打碎了最好的盘子。"妈妈一听这话,气得从餐厅里冲出来:"你竟敢说我是笨蛋? 你太没礼貌了!"

罗文说:"是你先没有礼貌的,谁叫你先叫我笨蛋的。"妈妈简直气得无话可说:"不许说话,马上回到你的房间去。"

罗文看着妈妈生气的样子,来劲了:"来啊! 逼我啊!"

这种行为激怒了妈妈,她一把抓住他,狠狠地将他打了一顿。罗文一气之下离家出走,直到深夜才回来,把全家人急得一晚上没睡好觉。

也许,这件事情让罗文得到了教训,他以后再也不玩空杯子了。但是妈妈也应该得到教训,那就是应该用善意的语气指导孩子,使孩子避免再次犯错,而不是用暴力教训孩子。

其实,在孩子玩杯子的时候,妈妈完全可以提醒儿子"小心摔了杯子,割伤了手",然后对孩子说:"玩皮球是个不错的选择。"或者当杯子打碎时,妈妈可以帮助孩子处理玻璃碎片,顺带说:"杯子很容易打碎,以后注意点哦"。这种和气的话很可能让罗文为自己的过错感到惭愧,继而会因为自己闯了祸而产生歉意。在没有斥责,没有巴掌的情况下,他甚至可能会在心里思考,并自己得出结论:杯子不是用来玩的。

当孩子出现错误时,批评对孩子往往是没有益处的,它只能导致怨恨和反感。而且,如果孩子老是受到批评,他就学会了谴责自己和别人,他就学会怀疑自己的价值,学会怀疑别人的价值,导致人格缺陷。所以,妈妈应该给孩子更多的指导而不是批评。妈妈可以从以下几个方面做起:

（1）孩子犯错之后，指导孩子处理问题。当孩子不小心碰翻了果汁，打破了杯子时，妈妈首先要做的不是批评孩子的错误，而是指导孩子怎样处理错误导致的问题，妈妈应该告诉孩子应该如何清理破碎的玻璃杯，如何把地板拖干净。

（2）孩子犯错时，不能辱骂孩子。无论孩子犯了怎样的错，你都不能辱骂孩子，如果你经常在孩子犯错后辱骂孩子，孩子就会朝你所骂的样子发展，假如你骂孩子是个坏孩子，他会慢慢变成真正的坏孩子；假如你骂孩子是个笨蛋，孩子真的会变成笨蛋。所以，如果你真的想让孩子在犯错之后改过自新，就要杜绝辱骂孩子，你只需实事求是地指出孩子的错误，告诉孩子怎么做就可以了。

（3）要及时和孩子交流，让孩子知道错误。孩子犯错了，你可能还不清楚原因。那么你需要和孩子进行交流，让孩子告诉你他是怎样犯错的，这便于你针对孩子的错误提供指导性的意见，最终帮助孩子改正错误。你可以对孩子说："现在没有必要惩罚你，而要搞清楚你是怎么犯错的，这样你才不会犯同一个错误。"让孩子明白，你并没有惩罚他的意思，他才可能放下心理包袱，和你进行交流。

每个人都希望得到指导而不是批评，孩子同样有这样的心理。这就要求妈妈在教育孩子的时候，多用善意的指导和关爱代替批评和责骂，这样孩子才会虚心地接受妈妈的教育和引导。

说教和批评产生距离和怨恨

2005 年，曾发生了一起轰动全国的杀母案。学生徐某，中午刚吃过午饭见母亲屋里开着电视，想看一下然后去上学。母亲一看见儿子脚步停在电视机前，便马上把脸阴下来说："马上就要大考了，你这次要考全班前 10 名。"徐某一听到排名，心里便咯噔一下。那是因为徐某初进高中时，排名第 44，到了高一下学期，一跃升到第 10 名，母亲很高兴，要他以后每次考试都不能低于前 10 名。谁知越是想考到越考不到，到了高二上学期，徐某期中考试成绩排在了第 18 名，母亲回家后用皮带把徐某狠狠打了一顿，还又哭又闹，说："以后你再踢足球，就打断你的腿。"

徐某一想到这里，心里就堵得慌，于是，便说："很难考的，这不太可能。"徐母声调又升高了几度："那还看电视？还不去用功学习？"徐某说："我已经够用功了。"徐母毫不让步地说："期末考试不考前 10 名的话，你自己看着办。你自己考虑，进不了前 10 名，以后怎么考重点大学？"接着便是不停地讲排名，讲重点大学一类的话，徐某被母亲搞得脑袋发胀。

他背起书包准备上学去，免得再听母亲唠叨。谁知母亲依然不依不饶地说个不停，徐某此时是又怕又烦，他走到门边时，突然看见鞋柜上有把木柄榔头，随着母亲的唠叨声，他心烦得血冲头脑，一下子失去了理智，他只想让母亲停止这种使他精神崩溃的唠叨，甚至是永远停止，他下意识地挥起了榔头……

悲剧就这样偶然而又不可避免地发生了。

在这个惨案中，孩子的残忍固然让人痛心，但徐母的教育方法同样值得我们反思。试想，如果例子中的徐母能够换一种谈话或者是聊天的方式引导徐某学习，而不是唠唠叨叨地逼着他必须考前10名的话，如果徐母细心一点，多注意孩子的情绪变化的话，或许悲剧可以避免。

妈妈常常因为跟孩子的对话而感到失望，因为他们毫无头绪，就像那段著名的对话所说的那样。"你要去哪儿？""出去。""干什么？""不干什么。"那些想努力讲道理的妈妈很快发现这样会让人疲乏不堪，就像一个母亲说得那样："我一直努力地跟孩子讲道理，说到我脸都绿了，但是他还是不听我说，只有我冲他喊时，他才会听我说。"

孩子经常拒绝跟妈妈对话，他们讨厌说教，讨厌喋喋不休，讨厌批评，他们觉得妈妈的话太多了。8岁的大卫对他的妈妈说："为什么我每次问你一个小问题，你都要给我那么长的答案？"他向他的朋友倾诉说："我不跟我妈妈说任何事情，如果我跟她说，我就没有时间玩了。"

一个对此很感兴趣的研究者无意中听到一段妈妈和孩子的谈话，他惊奇地发现，他们两个人几乎都不听对方在说什么，他们的谈话更像两段独白，一段充满了批评和指令，另一段则全是否认和争辩。这种沟通的悲剧不是因为缺乏爱，而是缺乏相互尊重；不是缺乏才智，而是缺乏技巧。

所以，说教和批评只会引起孩子的逆反心理，而无助于问题的解决。妈妈应该注意运用聊天的方式和孩子沟通。同时应该重视孩子行为后面隐藏的心理问题，因为孩子们发怒或者调皮捣蛋往往都是有其隐秘的心理原因的，当他表现出烦躁、故意顶撞妈妈或者说粗话等不良行为时，许多妈妈往往并没有注意到他这种行为背后所隐藏的深层心理意义，而只是厉声批评孩子。这种批评就不能对症下药。

因此，当孩子做出让人生气的事情时，妈妈首先要做到不是批评责骂，而是弄清孩子心里的想法。看看造成孩子这样做的原因是什么，然后再有针对性地给孩子以指导。

宽容比惩罚更有力量

宽容，有时候比惩罚更有力量。对人宽容，是做人的一种美德。而对孩子们宽容，则不仅是美德，还是一种教育艺术。

孩子涉世未深，难免会犯错，有时孩子犯错并非是有意的。儿童期是犯错误最多的时期，与成年人的犯错不同，孩子们大多不会明知故犯。也许，孩子出于好奇或无知，也许孩子不能像成年人一样控制自己的行为，这时妈妈需从心底里宽容孩子的过错。

此外，孩子在看待问题上，常常容易夸张或放大自己的问题，以为自己犯了错，妈妈再也不会喜欢自己了，如果妈妈再不能给孩子宽容，他可能会感到绝望。另外，如果因为一些无意的过错训斥、处罚孩子，不利于感化和教育孩子，成年人也会因此失去孩子们的信任。

格雷斯上初三年级的一个星期六，提出要去庆贺同学的生日，并在人家那里吃晚饭。虽然母亲不愿意女儿晚上出去，可又体谅她对友情的珍惜，并且答应了人家，一旦爽约是挺难为情的。所以，妈妈装作平静的样子同意了，问格雷斯几点回家，她答应晚上8点之前。当时她家刚迁入新址，妈妈不放心女儿夜归，与她约定晚8点在地铁车站等她。

那是一个寒冷的冬天。妈妈准时赶到地铁车站，等候女儿归来。不料，等了1个小时，也不见她的身影。妈妈又担心又气愤：言而无信，不知其可，今后再也不能信她了！妈妈伸长了脖子，冻僵了身子，心里却火烧火燎。

又过了20分钟，格雷斯终于出现了。隔着好远，可以听见她急促的喘息声。显然，她是跑着冲出地铁口的。

妈妈使劲儿克制住自己的情绪，平静地问："回来了？"

"对不起，老妈，我回来晚了。"格雷斯一脸愧意，一边走一边解释。原来，那位同学家又远又不靠车站，而女儿去时迟了，人家不让早走，加上归时又找不着车站，又等车又倒车，折腾下来就耽误了不少时间。

妈妈宽容地笑了，说："没关系，谁都可能碰上特殊情况，你回来就行了。"随后妈妈又与女儿分析，学生过生日，选在中午比晚上好，否则让多少人着急呀？而且大黑夜里东奔西走，也不安全，岂不扫兴？女儿听了连连点头，还夸妈妈很理解人。母女俩感情一下贴近了许多。

孩子做事不妥当或犯了错误，常常与他的生活经验不足有关，或者说与其社会化程度低有关。对于孩子做事的特点，妈妈们务必给予理解，做出合乎情理的分析，而不宜夸大问题的严重性，更不应曲解孩子的动机。

同时，孩子犯错误之后，往往有后悔自责之意，是接受教育的黄金时刻。此时，如果以宽容之心与和颜悦色，同其剖析事情原委及是非曲直，孩子可能字字入心、声声入耳，成为进步的一个推动力。相反，如果不问青红皂白，猛批猛打，不许辩解，孩子也可能因恐惧而撒谎、抗拒甚至出走等等，使问题复杂化，甚至演化为一场悲剧。

也许可以说，宽容是一种智慧，是一种特殊的爱，是一种胜过惩罚的教育。

当然，教育也需要惩罚，惩罚不是体罚，是教育惩戒，是让孩子学会为自己的过失负责任。没有批评和惩罚的教育是不完整的教育。当然，批评和惩罚要讲艺术，事实上宽容就是一种深层意义上的"惩罚"。

然而，现在的妈妈对孩子往往缺乏一种宽容的胸襟。孩子有了过错，要么责怪谩骂，要么讽刺、体罚，要么干脆撒手不管，这都是不能宽容孩子的表现，这样的教育也无法产生积极的效果。

如何化惩罚为宽容，在孩子心中留下更好的印象？给妈妈们提出以下建议：

（1）保护孩子的自尊心。适当的时候给孩子个台阶下，或者为孩子保守秘密。批评孩子时首先肯定其某些良好动机是十分必要的。

（2）鼓励孩子以后不要犯类似的错误。与孩子分析教训所在，适当提出希望，告诉孩子错在哪里，怎样改正。

（3）与孩子一起评论是非曲直。如确实是孩子的错误，应该帮助其认识到错误，然后促其改正；如果不是，妈妈应反思自己的教育方式和态度，心平气和地与孩子交流。

（4）不要操之过急。孩子改正错误需要一个过程，妈妈要有耐心，不要期望孩子立刻就能把错误改正过来，应该允许孩子在改正过程中有一定的反复，可以多多留意孩子在一段时期内的变化。

宽容的力量更强大，"恨铁不成钢"的妈妈们，选择以宽容之心对待您的孩子吧！您将看到孩子身上闪耀着比以往更夺目的光彩！

第三章
怎样把学习变成轻松的事

学习并不如想象中那么难，凡是觉得学习困难的孩子，都是因为他没有遇到好的引导。只要妈妈用对了引导方法，孩子的学习就可以变得很轻松。

不要把学习暗示为"苦"事

很多妈妈从孩子小时候就向他灌输"学习要刻苦努力"的观念，以期培养孩子良好的学习态度，但殊不知，少有孩子会认同妈妈。因为人的天性是避苦求乐，妈妈将学习暗示为一种"苦"，孩子自然就对学习这件"苦差事"开始回避。

杜威认为，"凡是所做的事情近于苦工，或者需要完成外部强加的工作任务的地方，游戏的要求就存在"。如果妈妈把学习暗示成一件"苦差事"，或者给孩子强加了很多任务和压力，使得学习成了一件"苦差事"，孩子就会想逃避，想玩耍而不想学习。所以，要想让孩子喜欢上学习，就不要把学习暗示成或者弄成一件"苦"事，因为没有一个人能在讨厌一件事的情况下把一件事做好。

所以，妈妈在督促孩子学习的时候，要让孩子学会轻松学习的态度，养成轻松学习的习惯！

首先，轻松学习需要劳逸结合，合理安排时间。心理学专家认为，每天要有充足的睡眠时间：初中生为9小时，高中生为8小时。为了更好地学习，每天至少要保证8小时的睡眠时间才能有充足的精力高效率地学习。

一个人的精力如同一根弹簧，你如果在它的弹性限度内拉开它，手一松，就会弹回去，恢复原来的状态。但假如你无限度地拉，超出了弹簧的弹性限度，当你再松手的时候，它就不会再恢复原状了。

如果孩子睡眠不足，每天"超负荷学习"，就好似超过"弹性限度"，时间长了，必定影响身体健康。同时，由于大脑连续工作时间过长，会疲劳不堪，从而孩子会感到学习很累，轻松更无从谈起，学习效率也会大大降低。孩子的大脑每天都处在兴奋和抑制的交替进行状态，即学习时大脑皮层兴奋，随着学习的进行，兴奋逐渐减弱，并出现抑制，这就需要使大脑得到休息。当孩子学习感觉到很累的时候，不妨就小睡片刻，这样精神就会很好，因为这时睡觉会马上进入梦乡，所以睡眠质量很高，可以马上补足精神，精神补足后，学习效率就会提高，学习也变得相对轻松起来。

妈妈可以帮助孩子养成学习中途休息不超过10分钟的习惯，因为超过10分钟，会较难收心。中午时分，如果能小睡一下，下午和晚上都会很有精神。另外，体育锻炼是休息的最佳方式，这是一种积极的休息方法，对提高学习效率非常有帮助。事实上，只有做到劳逸结合，学习才会变得轻松起来。

其次，轻松学习也要适合孩子的个性。在学习中，每个人的个性各有其优势，不必羡慕别人，别人的方法未必适合自己的孩子。丰富而自由的个性也是一个社会之所以具有丰富创造力的根本原因，没有个性的存在，没有个性表现的自由，就不会有创造力。

再次，轻松学习需要培养孩子的记忆力。许多妈妈认为，人的记忆力是天生的，无法培养。事实上，这种说法是错误的。没有一个人在生下来的时候就认识他的妈妈。他之所以能够认识自己的妈妈，是因为妈妈经常和他在一起。因此，人记忆力的好坏不仅与遗传因素有关，更重要的是和记忆的条件、方法有关。许多妈妈以为孩子记忆力不佳是资质比较愚钝，其实不然，大多数孩子记忆力差，是因为没有掌握记忆的规律，缺乏正确的记忆方法。只要妈妈有意识、有目的地加以培养，任何健康的孩子都是能够提高记忆力的，高效的记忆会提高学生的成绩。

最后，轻松的学习就要从压力中走出来！当自己的孩子感觉学习压力大时，告诉他们让他们自己彻底放松，从学习的压力中走出来。这时，可以听听音乐、做做运动，也可以出去散散步。

让孩子轻松地学习才会有快乐，同时，轻松地学习，也会使孩子的学习效率更高，学习效果更好。也只有在轻松的状态下学习孩子才能不被学习所奴役，才能发现学习的兴趣。

不规定具体时间，写作业心甘情愿

有一个妈妈曾介绍经验：她的孩子以前老是爱看电视，不知不觉就忘了写作业。等到想起来的时候已经很晚了，又害怕明天挨骂又想睡，结果哭了一场。

"哭也还是要写呀，不然明天老师就要批评你了。我们陪着你写，好不好。"妈妈主动提出来陪女儿写作业，好让她尽快投入到解决问题的行动当中，而不是把时间浪费在哭上。

"既然已经这么晚了，你写作业的时候要快也要好。如果草草写完，明天照样挨批，还不如现在就去睡呢。要写就把它写好了，这才值得。"女儿终于耐着性子把作业写完，安心睡了。

第二天，女儿回家，朝妈妈坏坏地一笑："幸好昨天做完了，老师今天对那些没写作业的同学可凶了，罚他们回家把昨天的作业写10遍。"妈妈听了笑着说："昨天的滋味不好受吧。往后我们规定一个写作业的时间，平时分成两个，为看电视前和看电视后，周六和周日，就在早上、中午和晚上之间选择。当然啦，这个是由你来做决定的，你挑吧。"

吃过昨天的亏了，女儿当然心甘情愿地选择看电视之前写作业，周末，她有时候会和朋友出去玩，所以都选在早上早餐后做作业。就这样，这个女孩每天都很自觉地在看电视以前把作业做完，周六日吃了早餐也不要父母催，乖乖回屋写作业了。

上面的这个妈妈，最贴心的地方就是让女儿自己选择做作业的时间。一个人只会对自己的选择心甘情愿，如果可以选择不做作业，孩子们多半会选择不做，但是他们没有这个权利。在做作业上，他们完全不能还价。所以，在何时做作业上，妈妈们不妨"放权"，让孩子们自由选一个做作业的时间。

可能有的妈妈会担心：让孩子自己选时间，他们肯定会选越晚越好，能拖就拖。其实这是不信任孩子的表现，在你放下权力的时候，孩子能感受到你对他的信任，这其实是在强化"作业必须做"的意识，他们自己去选择时间，自然就会按照那个时间来做。如果孩子真的"厚脸皮"，出尔反尔，那多半是因为以前家长在他的面前做过这种说话不算数的事情。

分析一下孩子的心理，我们就能明白为什么他们不喜欢做作业。中小学生的作业往往是"抄十遍""做两套试卷"这样简单、重复的事情，缺少乐趣，单调乏味。孩子们实在难以拿出热情来爱上这样的作业；另一方面，孩子们的自觉性不高，也不能认识到学习对自己人生的重要性，脑袋里面就想着玩，让他们去做作业，简直就是压抑天性，何况老师和家长都是以命令的语气来告诉他们，要做多少，怎么做，何时交上来，就跟交房租时的心情是一样的。

对很多孩子来说，家庭作业犹如一场战争，既要和自己的惰性较量，又要和家长、老师较量。作业做得不好，孩子要挨批，家长看着也生气。想要让孩子爱上写作业很难，但是想要让孩子自觉做作业，不推三阻四，不敷衍塞责，也是有办法的。那就是让他自己选择做作业的时间，这一点很重要。

当孩子忘记做作业的时候，先不要提醒他，假装自己也忘记了这回事。等他自己想起来的时候，妈妈再出来"救场"，孩子才会教训深刻。如果他决定不做作业，那也不要紧张，明天他就会为自己这个决定承受代价。这是一种成长的经历，妈妈们就做一个冷酷的"看客"好了。

把学习的时间交给孩子去选择，是在鼓励孩子自己决定自己的生活。何止学习的时间可以让他们自己选择，穿哪种颜色的衣服，看什么样的课外书，参加何种兴趣班，这些都可以让孩子们自己去选择。我们都知道"强扭的瓜不甜"，也听孩子说"我的地盘听我的"，何不做个顺水人情，让他们自己安排生活呢！妈妈们也乐得清闲，不为写作业这件事发火闹心，自己做自己的事情。这样的方法才是一劳永逸的。

多向孩子请教，"小老师"进步快

有一个叫作小雨的孩子，平时学习成绩还不错，但是考试的时候总是不理想，妈妈分析觉得还是孩子的知识没有掌握牢固。

有一天，小雨正在背地理课本里面的地中海气候什么的，妈妈从外面进来，端了一杯水，笑着说："喝点水吧。你背的这个地中海气候是什么意思啊？"

"这是一个气候术语，就是根据地理气候的特点，把全球分成了不同的气候类型。不过地中海的比较特别，集中在地中海沿岸，所以就叫地中海气候。"孩子喝水的时候回答道。

"哦？地中海和别的地方有什么不同啊，妈妈从来没有想过那么远的地方会是什么样子呢。"妈妈好像真的想去看一看。

"地中海在这里，"儿子指着地球仪，"它的气候特点是……"就这样，孩子把地中海的气候介绍了一遍，又和别的气候作了比较，还顺便介绍了中国的气候特点。妈妈听得津津有味。

"哎呀，你们现在的教材真有意思，可惜我们当年没有这么有趣的书读。"

"妈妈，你要是喜欢，我往后经常给你讲讲？"小雨竟然主动提出了给妈妈上课，妈妈当即说好，并且定下每个双休日选一个下午的时间给妈妈上课，从地理到历史，除了数学之外都行。孩子自由备课，可以拟定试题、抽查考试、判分数、写评语……

当然，这个妈妈在背后也下了不少功夫，为了提醒儿子不要犯同一个错误，妈妈故意在孩子出错的地方做错，让孩子"纠正"，这样一个学期下来，"小老师"的学习成绩提高了很多。

这种学习方法看起来是在增加孩子的负担，其实是在减轻孩子的心理负担。孩子一直处于一个被安排、被教育的地位，很容易产生厌倦情绪，如果不及时疏导，就会积累成厌学、偷懒的坏毛病。妈妈以一个求教者的身份来接近孩子，孩子的情绪就会适当排解。

两个孩子在一起玩弹珠，当然是其中最会弹的那个玩得比较积极，输的那个不用几个回合就会觉得没有意思了；两个孩子同时学习，当然是成绩好的那个比较积极，总是出错，老被别人比下去的那个积极性会差很多。

无论做什么事，孩子总是会在自己稍微有优势的方面表现得积极，比不上人家的方面就不积极。如果他老是没有邻居家的孩子考得好，学习起来自然觉得没意思，大人也是这样的。几乎谁都喜欢处在占优势的那一方，好控制局面。

但不是每个孩子的成绩都好，成绩相对较差的孩子怎么办？必须出现一个比他更弱的人，来增加他的自信心，这个人不是哪个倒霉的孩子，而是我们的妈妈。

当孩子在家学习的时候，妈妈总是以指导者的身份出现，告诉他哪个对哪个错，孩子的心里总是忐忑不安。如果妈妈能虚心向他请教，假装自己不知道，孩子的自信心反而会高涨起来了。

这里最需要的，是妈妈的决心和耐心。如果有的妈妈喜欢麻将、逛街等，自然就很难有时间学习了。所以，妈妈适当地做出牺牲才能成就这种学习方法。

当然还有别的方式，比如让孩子给表弟表妹当老师，辅导他们的作业等，不过，这没有让孩子直接复习自己刚学的功课有效。给表弟表妹上课时，大一点的孩子因为"有恃无恐"，可能养成没有耐心、急躁、伤害弟弟妹妹的行为习惯，所以要慎之又慎。

如果孩子觉得妈妈当学生很奇怪，你可以给他讲孔子不耻下问的故事，这个故事相信很多孩子也听说过。

孔子走在路上，听见两个孩子为太阳的远近争辩不休。一个孩子认为太阳刚升起的时候距离人近，但是到正午的时候距离人远，另一个孩子认为相反。

第一个孩子的理由是：太阳刚刚升起的时候像车篷般大，到了正午看起来就像盘子一样，这不是因为远的东西看起来小，近的看起来大吗？后一个孩子的理由是：太阳刚出来的时候感觉很清凉，到了中午就灼热起来，这不是因为越近感觉越热，越远感觉越凉吗？孔子听了他们俩的话，不能判断谁对谁错，于是拜小儿为师。

太阳的远近究竟是怎样的呢？这也可以成为孩子和妈妈讨论的一个问题。连大学问大智慧的孔子都虚心向孩子求教，妈妈学习也是很正常的，而且，孩子也能学会"不耻下问"这个词的真正含义。

妈妈在向孩子请教的时候，一定要投入到请教的过程中，不能一看就知道是在"演戏"，那样孩子就没有认真教课的欲望了。如果妈妈能够提出几个有价值的问题来更好，挑战"小老师"，"小老师"再回去问老师，如此循环，孩子对知识就能理解得更透彻了。

学习遇到瓶颈时，多动心力而不是体力

张琦是某重点高中三年级的学生。他认为自己属于那种学习不很卖力又有些小聪明的学生。高一、高二学习马虎，对待老师、家长的批评是"虚心接受，坚决不改"，但成绩都能保持在班级 10 名

左右，发挥较好时甚至能进入班级前5名。父母亲戚、老师同学都说他学习潜力很大，上高三后会进步很快，可望进入国内一流名牌大学，甚至可以向清华、北大冲刺。对此，他也颇感自负。

进入高三后，他真的洗心革面，抛弃以前的所有陋习，全身心拼了起来。可是，暑期到现在，两个多月了，每次考试还是10名左右，最近一次考试排班级19名。这样的成绩，考清华、北大甭提了，就是进重点大学都有问题。家人着急，他自己也"头悬梁、锥刺股"，靠补品支撑着熬到深夜一两点钟。可是成绩并不呈上涨势头，而且一拿起书本头就嗡嗡直响，听课时也会莫名其妙地走神，注意力总集中不起来，好像有劲却怎么也使不上。张琦开始怀疑过去对他"聪明"的评价是对他的嘲讽，怀疑自己的潜力已挖掘殆尽。

张琦遇到的这种现象是一个很普遍的问题，很多孩子会在一段时间出现学习和复习效率停滞不前，甚至对已经学过的知识还感觉模糊，有时头脑昏沉，心情烦躁，学习效率降低，越学越没有劲头。这种学习进步的速度减慢甚至停滞的现象在心理学被称为"高原现象"。例如，当掌握的词汇量达到3500～4500的时候，就会出现第一次高原现象，平均滞留时间为8个月左右；达到6500～7500时，出现第二次高原现象，平均滞留时间为12个月左右；当词汇量达到了9500～10500的时候，第三次高原现象就出现了，平均滞留约18个月。

高原现象的产生也是多种多样的，具体来讲，当学习一段时间后，好奇心已满足，学习兴趣减弱，学习动力随之下降；也许目前使用的学习方法已不再适应这一阶段学习的要求；也许是生理与心理的双重疲劳；也许是原来形成的知识结构网络不适合进行新的学习……诸多因素，致使孩子的学习停滞不前。

高原现象是学习成绩一时性的停顿现象，它与生理的极限和工作效率的绝对顶点是不同的。当孩子学习成绩暂时停顿的时候，妈妈首先要明白，"高原现象"不等于"学习的极限"，是一种正常现象，如同运动员在长跑中会出现极点一样。妈妈不必慌张，不要逼迫孩子加大学习力度，更不要责怪孩子不够努力。你的不理解只会增大孩子的压力，起到阻碍孩子突破瓶颈的作用。

要想帮孩子不慌不乱地走下"高原"，妈妈首先要鼓励孩子再坚持一下，学会为自己加油，增强信心，这种感觉就会消失。用一种平和的心境看待它，告诉孩子在合适的时候学习合适的内容。比如早晨可用于早读，中午休息，下午整理消化当天复习内容，晚上3门学科交叉系统进行。尽快把头脑中较为混乱的知识排序重新组合，通过比较、分析、归纳、概括等手段，使自己已有的知识系统化，这样可以避免在知识调用时出现混乱，人为造成"高原现象"。当然，更重要的是要陪孩子一起放松身心。可以谈谈心，一起打羽毛球、出去旅游等。

一时的停顿会让孩子有些泄气，但聪明的妈妈会帮助孩子走出困境，让他感受到学习中的突破带来的更大乐趣。走下"高原"后，孩子才知道学习并不是件困难的事，再大的瓶颈也是可以跨越的。

"减压"比"拼命学习"更重要

　　青峰的父母在社会上都是有头有脸的人物，他们对青峰倾注了很多心血，同时也为青峰设置了极高的标准。在学习上，青峰必须争第一，在父母眼里，第二都不是优秀，只有第一才是赢家。为了达到这个目标，青峰从小学习时间就长过其他孩子，他没有时间看动画片，没有时间出去游玩，放学后不是参加补习班，就是到钢琴教室弹钢琴。青峰是个懂事的孩子，为了自己能使父母感到欣慰，他卖力地学习，所以，从小学到初中，他成绩都很优异。但是，俗话说："打江山容易，守江山难"，好马也总有失蹄的时候，青峰偶尔也会失去第一名，而这种时候，父母就对他冷言冷语，怪他懒惰不知上进，逼他增加更多的学习时间……在越来越多的学习时间中，在越来越大的压力中，青峰的学习成绩反而越发不稳定了，第一名的次数越来越少，青峰的学习后劲也越来越不足，看着同学们进步非常，而自己却不进而退，他心里产生巨大的挫败感和失落感，同时，本已经受伤的心还要面对父母越发严厉的批评，青峰最终崩溃了，他变得暴躁不安，情绪波动很大，并且经常失眠。他听不进去父母的话了，也不跟同学老师来往，把自己封闭起来。这样的状态深深影响了青峰的身体和心理健康。最终，他中考一败涂地，没有考上高中。

俗话说，井无压力不出油，人无压力轻飘飘。适当给孩子施压是应该的。因为望子成龙是每个家长的愿望。可凡事有个度，过重的压力会让孩子感觉到生命所不能承受之重，出现逆反心理，反而事与愿违。父母给予青峰的巨大学习压力，是青峰身心受损的最根本原因。要想避免产生这种不良后果，父母就该改变"压力越大，效率越高"的错误观念。因为如果人的压力过强，就容易变得紧张，思维局促，甚至在极端的情况下，大脑会一片空白，这样的情况，当然不利于发挥水平了。只有在压力适度，人比较放松的情况下，人的能力才会得到充分的发挥。

从前，在山中的庙里，有一个小和尚被派去买油。在离开前，庙里的厨师交给他一个大碗，并严厉地警告他："你一定要小心，绝对不可以把油洒出来。"

小和尚答应后就下山到城里，到厨师指定的店里买油。在上山回庙里的路上，他想到厨师凶恶的表情及严厉的告诫，越想越觉得紧张。小和尚小心翼翼地端着装满油的大碗，一步一步地走在山路上，丝毫不敢左顾右盼。很不幸的是，他在快到庙门口时，由于没有向前看路，结果踩到了一个坑，虽然没有摔跤，可是却洒掉了1/3的油。小和尚非常懊恼，而且紧张到了手脚开始发抖，无法把碗端稳。等回到庙里时，碗中的油就只剩一半了。

厨师拿到装油的碗时，很生气地指着小和尚大骂："你这个笨蛋，我不是说要小心吗？为什么还是浪费了这么多的油，真是气死我了。"

小和尚听了很难过，哭了起来。

另外一位老和尚听到了，就问了是怎么一回事。知道了事情的经过，他就去安抚厨师，并私下对小和尚说："我再派你去买一次油，这次我要你在途中多观察你看到的人、事、物，并且回来后详细地描述给我听。"

　　小和尚想要推掉这个任务，说自己油都端不好，根本不可能既要端油，还要看风景。不过，在老和尚的坚持下，他只好勉强答应。

　　在回来的途中，小和尚发现，其实山路上的风景真是美丽啊。远方有雄伟的山峰，不远处有农夫在梯田里种地。走不久，又看到一群小孩在路边的空地上玩得很开心，而且还有两位老先生在树下的石凳那儿下棋呢。小和尚就是这样边走边看风景，不知不觉地就回到庙里了。当小和尚把油交给厨师时，发现碗里的油依然满满的，一点儿都没有洒掉。

　　妈妈对孩子的教育也应该这样，给孩子要求，但是不要给孩子太大的压力，孩子才能心情放松地去学习和生活。心理学家认为人的各种活动多存在一个最佳的压力水平。压力不足或者过分强烈，都不是一种好现象。比如一个整日混日子，没有什么理想的学生，很难有学习的兴趣；而一个对学习抱有太大的期待，过分追求学习功利性，学习压力过高的学生，势必会为自己制造巨大的压力，最终影响到他的学习效率，而学习效率的下降，反过来又会增加他的压力。

　　压力过强和过弱都不好，那么什么样的压力水平才是最适度的呢？美国心理学家耶克斯和多德森认为，中等程度的压力激起水平最有利于效果的提高。所以，当孩子的压力超过中等程度时，妈妈记得要帮孩子减压，可以从以下几个方面做起：

（1）当学校老师为孩子们施加压力，让妈妈监督孩子学习时，妈妈最好不要让老师牵着鼻子走，而要做到"不管"和"不说"。孩子们已经够累了，就让他们在这种"不管""不说"中学会自我监督、自我放松吧！

（2）无论妈妈有多紧张，都应该尽量避免在考试期间，与孩子发生情绪上的冲突，增加孩子的压力。

（3）确保孩子作息正常。考试压力过大的孩子可能会在考试期间或者备考期间出现乱发脾气、头痛、发烧、肚子不舒服，甚至失眠等状况。调节孩子身心平衡，让孩子和平时一样吃好睡好，维持正常作息，孩子才能处于最佳状态。

（4）和孩子一起做运动。适当的运动，能够让孩子的紧绷状态松懈下来。几分钟的深呼吸，10分钟的暖身操，花半个小时去游泳、跑步，到公园散布，都是很好的解压方法。

饭后学习效率低，不如轻松小憩

很多人一谈到读书学习，总是强调"勤奋是成功之母""手不释卷""一寸光阴一寸金，寸金难买寸光阴"之类的名言。不能说这些名言没有道理，但真理向前多跨一步就可能成了谬误。勤奋程度大小、学习时间长短在一定范围内与成绩成正比，但绝不是越勤奋刻苦、学习时间越长，成绩就会越好。

　　小海今年升入初三了，他刚吃完饭准备看一会儿电视，这时正在厨房洗碗的妈妈说："初三了，学习这么紧张，不要看电视了，快去做功课。"小海只得无奈地走到书桌旁去学习。但是小海一看见书就发困，他强迫自己看书，但是眼皮却一直往下跌，实在困得不行了，小海就趴在桌上小睡一下，谁知道妈妈进来看见了，给小海劈头盖脸一顿说："你这孩子怎么这么不上进，叫你别看电视争取时间学习，你就在这里睡觉，人家其他同学这个时候肯定都是抓紧每一分钟努力学习呢，你还在这里浪费时间，看你考不上高中怎么办？"小海听了妈妈的话觉得很委屈，对妈妈说道："我又不是故意要睡觉的，但就是困啊！我已经尽力强迫自己看书了，你一点也不体谅我！"母子俩争执完后，小海继续看书，但是现在他更看不进去了，这一晚上的时间就这样浪费了！

　　很多妈妈盲目要求孩子抓紧时间学习，而不重视学习效率和学习状态，造成孩子的学习事倍功半，甚至引起孩子的厌学情绪和不自信。就像上文中的妈妈，逼迫孩子饭后立马学习，结果得不偿失，这不能怪孩子，因为事实上饭后马上进入学习状态是不科学的。生理学上说，吃完饭之后，胃部需要大量的血液来消化、吸收刚吃过的食物，由于大量的血液参与胃部消化，大脑就会缺少血液供应，处于不清楚的状态。人们就表现出想睡觉、犯迷糊。如果此刻坐在书桌旁学习，学习效率会很低。而长此以往，对身体健康也不利。

一般说来，孩子持续学习时间越久，则疲劳强度越重，要消除疲劳就越不容易。如果孩子感到累时适当休息，不但可以迅速消除疲劳，头脑清醒了，也更易于接受理解新知识，学习效果好了，孩子的心态、信心也会大大的振奋。反之，如果妈妈不忍心"浪费"这宝贵的时间，当孩子已经头昏脑涨了，眼睛干涩难忍，还要他"坚持"学习，此时大脑反应迟钝，对知识的理解力差，不仅学习不好，更令孩子身心受损。

列宁说过："不懂得休息，就不懂得工作"。学习本身就是一项复杂的脑力劳动，而大脑是唯一能够进行学习和思维活动的器官。要使孩子的大脑保持清醒，并在学习中维持一种兴奋状态，就必须确保每天有充足的睡眠和休息时间，因为休息可以使脑的功能得到最大程度的恢复，这样才能最大限度地提高学习效率，而不会白白做一些无用功。

为了提高学习效率，让孩子的大脑保持清醒的状态，妈妈就要帮孩子平衡好学习与生活，为他合理安排适当的休息时间，让孩子做到劳逸结合，张弛有度。

（1）确保足够的睡眠时间。生理学家研究表明，中学生夜间睡眠必须保证 8 ~ 9 个小时。因为充足的睡眠对于学习最少会带来两个方面的益处：可以更好地巩固记忆，防止学习结束后带来的记忆干扰和记忆衰退；能更好地恢复记忆。

每天晚上早点睡觉，保证足够的睡眠，能让大脑得到充分的休息，第二天早起，早晨空气清新，头脑清醒，此时学习效率较高，而且，上课不会犯困，听课效果就会较好。这样才能为好成绩开一盏绿灯。

（2）学会间隙休息。休息可分为安静休息、活动休息和交替休息。安静休息是指睡眠和闭目养神。活动休息也称积极性休息，如散步、打球和轻微的体力劳动等，也可以是与他人聊天。交替式休息是指将各种不同性质的学科交叉在一起来学习，如文、理穿插复习，这样，大脑皮层的神经细胞不仅不会疲劳，而且还会有相互促进的作用。

（3）用体育锻炼来调节。给孩子制定一个体育锻炼时间表，或者利用好学校安排的优育活动。比如认真上好课间操和体育课。这段时间就是专门用来锻炼的，既然无法做其他事情。与其马马虎虎对待，不如积极认真锻炼，达到健身的目的。周末假日，可以多带孩子到户外锻炼或野外踏青，和孩子一起打羽毛球、散步等。

（4）音乐可消除疲劳。在消除疲劳过程中，情绪因素很重要。积极向上、乐观、愉快的情绪能加速消除疲劳。优美的音乐能振奋情绪，引起轻松愉快的感觉。学生在学习间隙或学习之后，可以通过听音乐来达到消除疲劳的目的。

需要注意的是，所听音乐最好是没有歌词的。因为文字信息进入大脑，会影响大脑的休息；听音乐时不要想其他的事，必须陶醉于音乐中，这样才能完全放松，使疲劳得到彻底的消除。

及早学外语，让外语和母语一样容易

《时代》杂志曾经有一篇报道，马里兰大学的教授德凯泽通过研究认为：人只要超过了 6 岁，掌握语言的能力就开始下降了，而其中的原因尚不清楚。但有一些研究人类大脑的专家说，随着年龄的增长，大脑中的神经纤维覆了一层由脂肪和蛋白质构成的保护膜，这种保护膜一方面加快了信号经过大脑的速度，同时也限制了产生新连接的能力。

每个儿童都是语言学习的天才，如果在幼年时期得到合理开发，即便是在不努力的情况下也会至少掌握一门语言。儿童的语言学习不是通过刻苦努力获得的，也不是通过大人的谆谆教诲。他们以一种特殊的方式来学习语言，只要环境里有的语言他们都可以学会。所以如果有足够好的语言环境，儿童就能不费力气地学习两种、三种甚至是更多的语言。这些都可以归功于儿童的学习语言的能力和优势上，主要表现为以下几个方面：

（1）心理障碍小。大人学英语的时候，一般都会介意自己的文法和意思是否正确，总会在意如果自己说错了会没有面子，而小孩子的这种好面子的心理尚未形成，而且也不太分辨哪一个是自己的母语，哪一个不是自己的母语，自然就不会抗拒学外语了。

（2）发音尚未定型。人的发音器官，和身体其他器官的发展一样，在青春期前皆处于发展状态，具有相当大的弹性。一旦过了青春期，发展便会渐趋稳定，弹性也逐渐减小了。因此，就语言发音而言，若是一个孩子从小接触数种语言，有充分的机会使用这些语言，他的发音器官自然会配合这些语言发音系统调整形状，发出这些语言需要的各种声音，而过了青春期再学习另外的语言，由于发音上会有一些限制，于是产生了所谓的腔调问题。

（3）模仿能力强。小孩子的模仿能力一般来讲都相当强。孩子从出生之后，就能够从各种情境中不断吸收、记忆所有听到的声音、看到的影像，以及触摸到的东西，渐渐地组成了有意义的概念，到了一两岁的时候，孩子就能够模仿大人的发音、姿态、手势、自然的动作语言。

（4）增加积累。语言学习，需要靠时间来积累词汇量，而语法掌握，也必须在时间和经验中修正改进，这样一来，词汇量越丰富，孩子就越能将意思表达清楚，而掌握语法的能力越好，孩子越能流畅地说语言。

（5）加强细胞刺激。人的大脑中有几亿个细胞，连成了庞杂的网络，而这些脑神经细胞在幼年时期的发展达到高峰，如果在儿童早年的时候没有给予大量的刺激，部分脑神经细胞会因为无用而萎缩。

所以，在6岁之前给孩子适量的语言刺激，可以激发脑细胞成长，为日后的学习、发展储备能力。只要孩子对外语学习有兴趣，越早接触越能够正确地发音与使用。

人的大脑在儿童期的成长速度最快，如果妈妈在这一"得天独厚"的优越时期合理开发孩子的语言才华，可以使孩子轻松地掌握一门语言——即便是在不怎么努力的情况下，也可以使大脑这一智商"硬件"得到充分的开发利用。所以，妈妈们如果希望孩子能多掌握一门外语，不妨在孩子儿童时期就让他开始外语学习，和母语一起学习，有利于孩子像掌握母语一样熟练地掌握外语。早一步，孩子的外语学习就会轻松一些！